Bernhard von Gersdorff, Ernst von Pfuel

W0061595

Ernst von Pfuel 1854

Ernst von Pfuel
Freund Heinrich von Kleists, General,
Preußischer Ministerpräsident 1848
von Bernhard von Gersdorff

Preußische Köpfe

Stapp Verlag Berlin

Die Buchreihe *Preußische Köpfe* erscheint unter der Schirm-
herrschaft des Präsidenten der Stiftung Preußischer Kulturbesitz,
Dr. Werner Knopp.
Sie wird herausgegeben von *Heinz Ohff.*
Die grafische Gestaltung besorgt *Christian Chruxin.*
Porträts auf dem Umschlag von links nach rechts: *Ernst von
Pfuel, Heinrich von Kleist, Karl August Varnhagen von Ense.*

© Stapp Verlag Wolfgang Stapp, Berlin 1981
Hergestellt in West-Berlin
ISBN 3 87776 154 2

Inhalt

Herkunft und Jugend 7
Der Freund Heinrich von Kleists 15
Widerstand und Salon 39
In den Befreiungskriegen 61
Kommandant des preußischen Sektors von Paris 73
Gouverneur des Fürstentums Neuchâtel –
Kommandant der Festung Köln 85
Die Verhaftung des Erzbischofs von Köln 93
Die Märzrevolution 1848 in Berlin 99
Der Posener Aufstand 109
Das Ministerium Pfuel im Herbst 1848 117
Urteil und Ausklang 131

Zeittafel 139
Literatur 143
Quellennachweis der Abbildungen 148
Namensregister 149

Herrenhaus und Park Jahnsfelde bei Müncheberg

Herkunft und Jugend

Adolph Heinrich Ernst von Pfuel wurde am 3. November 1779 in Jahnsfelde geboren. Jahnsfelde, seit Jahrhunderten Pfuelscher Besitz*), liegt auf dem Weg von Berlin nach Küstrin an der einstigen großen Ost-West-Straße Preußens und des Deutschen Reiches, der Reichsstraße 1, die von Königsberg über Elbing, Landsberg, Berlin, Magdeburg und Düsseldorf nach Aachen führte. Mit dem ausgehenden 18. Jahrhundert wird Pfuel in eine Epoche geistiger und politischer Wandlung Europas geboren, deren Impulse bis in unsere Tage wirken.

Die Periode der Aufklärung kulminiert in Deutschland in der Philosophie Kants, führt in Frankreich 1789 zur Revolution. Klassik und Romantik bewegen das Geistesleben der Deutschen. Napoleon überwindet das Deutsche Reich, bringt aber die Idee bürgerlicher Freiheiten und fortschrittlichen Rechts in die unterworfenen Länder. Die Befreiungskriege erzeugen ein neues deutsches Nationalgefühl, das von seinen Fürsten zugleich größere politische und wirtschaftliche Freiheiten erwartet, nach 1819 im Zeitalter der Reaktion jedoch bitter enttäuscht wird. Das Jahr 1848 läßt den Schwung der Generation aus den letzten beiden Jahrzehnten des 18. Jahrhunderts mit den jungen Revolutionären noch einmal aufleben, gibt ihnen Mut und Hoffnung, erneut für Freiheit und Menschenrechte, für konstitutionelle Verfassungen zu streiten – ehe mit dem Scheitern der Revolution

*) Anm.: Der Name Pfuel wird wie „Pfuhl" ausgesprochen.

Ernst Ludwig von Pfuel, Herr auf Jahnsfelde, verdienst-
voller Kavallerieoffizier des Siebenjährigen Krieges, heiratete
1778, sechzig Jahre alt, die 23jährige *Johanna Christiane Sophie
Krantz,* Tochter des Feldarztes vom Regiment Krosigk. *Friedrich II.* mißbilligte die Ehe, die ohne seine Zustimmung geschlossen war, und entließ Pfuel 1780 aus dem Militär.

ein Jahrhundert reaktionärer Entwicklung in Deutschland beginnt.

Zu den zwischen 1780 und 1800 geborenen Menschen – bewegt vom rationalen Denken der Aufklärung, der Dichtung des Sturm und Drang, der Judenemanzipation in Preußen, den Freiheitsideen Frankreichs, den volksverbundenen Stimmungen der Romantik – einer „Jugend ohne Leitbild", wie man sie genannt hat, gehört Ernst Pfuel in engster Verbindung mit Altersgenossen wie *Kleist, Caroline* und *Friedrich de la Motte-Fouqué, Rahel Levin, Varnhagen von Ense, Clausewitz,* den *Brentanos, Arndt,* den vier Brüdern *Gerlach,* den beiden *Humboldts, Savigny, Fichte,* den *Tiecks* – um, ohne zu ordnen oder vollständig sein zu können, Namen dieser Generation zu nennen.

Sie hatten als junge Leute, bis ihnen im zweiten Jahrzehnt des 19. Jahrhunderts durch die Restauration jäh die Augen geöffnet wurden, ihr Leben „wie eine Poesie" betrieben. Niederlage, Flucht, Konspiration und dauerndes Kriegsgeschehen, beginnend mit dem Krieg Napoleons gegen Österreich 1805 und endend mit dem Sieg im Jahr 1815, machten nicht nur die Männer und Frauen der geistig und politisch hervorragenden Schicht Deutschlands dieser Epoche heimat- und ruhelos. Wie viele seiner Altersgenossen finden wir Pfuel in den Jünglingsjahren mit seinem Freund *Kleist* und später mit seiner Familie zwischen Berlin, Königsberg, Prag, Wien, der Schweiz und Paris an keinem Ort heimisch. Auch nach dem gewonnenen Befreiungskrieg schickt Preußen im Zuge der Unterdrückung freiheitlich gesinnter Bewegungen diesen Offizier, der mit Männern wie *Scharnhorst, Gneisenau, Clausewitz* und *Boyen* zu den „gelehrten Offizieren" gehört, auf militärische Außenposten und beruft ihn erst 1848 in kritischer Lage des Staates und des Königshauses als Gouverneur und bald darauf als Ministerpräsidenten wieder nach Berlin zurück.

Ernst von Pfuels Vater, *Ernst Ludwig von Pfuel,* Herr auf Jahnsfelde, Oberstleutnant bei den Kürassieren, hatte 1778, 60 Jahre alt, die dreiundzwanzigjährige Militärarzttochter *Johanna*

Krantz geheiratet, eine Rokokoschönheit, wie sie ihm in seinem langen Reiterleben früher nicht begegnet war. In Grunow bei Lübben – am Spreewald – wurde die Ehe geschlossen: ohne Wissen, ohne die unvermeidliche Zustimmung des Königs, den Ehekonsens, ohne den adlige Offiziere nicht heiraten durften.

Friedrich II. hatte seinen Kavallerieoffizier *Ernst Ludwig von Pfuel* in bester Erinnerung wegen des Mutes und der Entschlußkraft, die er als Dragoner, Husar und schließlich Kürassier im Siebenjährigen Krieg bewiesen hatte. Als er aber von der heimlichen Hochzeit erfuhr, vergaß er Wohlwollen und Dankbarkeit. Der Oberstleutnant hatte seinen Abschied zu nehmen! Noch bei der Geburt seines ersten Sohnes, Ernst, mußte die Mutter als „Demoiselle" bezeichnet werden, und erst nach ihrem frühen Tod nahm *Friedrich* den Kavallerieoffizier „gnädig" wieder in seine Dienste auf.

1784 ernannte der König *Ernst Ludwig von Pfuel* zum Hofmarschall des Prinzen von Preußen, des späteren Königs *Friedrich Wilhelm II.* Er sollte Ordnung in die Angelegenheiten des Thronfolgers bringen. Wieweit dies gelang, sei dahingestellt. Immerhin beförderte ihn der Prinz, als er 1786 König geworden war, zum Generalmajor und ernannte ihn zum leitenden Mitglied im Oberkriegskollegium – Verteidigungsministerium würde es heute heißen.

Jahnsfelde, eines der letzten Güter des einst so umfangreichen Pfuelschen Besitzes, der einem ganzen Landesteil der Kurmark auf dem Barnim zwischen Eberswalde und Frankfurt an der Oder den Namen Pfulenland gegeben hatte, erbte der zweite Sohn, *Friedrich,* der 1781 geboren wurde.

Die Pfuels gehörten zu den Familien mit den größten Besitzungen und Einkünften in Brandenburg. Die offenbar deutsche – nicht slawisch eingesessene – Herkunft der Familie wird aus dem Anhaltischen, der Bernburger Gegend, auch aus dem Württembergischen vermutet. Von einem *Struzze von Pfuele* soll Strausberg, heute ein Vorort des östlichen Berlins, seinen Namen bekommen haben. Schon 1267 kam der Name Pfuel in märkischen Urkunden vor. Im Band „Oderland" seiner Wanderungen durch die Mark Brandenburg zählt *Fontane* 22 Orte als ehemals im Besitz der Familie auf, wobei er sich nur auf das eigentliche Pfuelenland bezieht. Im heutigen Stadtgebiet von Berlin war Biesdorf pfuelisch. 1765 erwarb *Georg Adam von Pfuhl* für 3.300 Taler das Gut Dahlem, ehe er es an die Familie *von Willmertorff* weiterverkaufte.

Ein anderer *Pfuel*, zufällig auch mit dem Vornamen *Ernst Ludwig*, war in der zweiten Hälfte des 18. Jahrhunderts Erbherr und Gerichtsherr auf Lankwitz und gleichzeitig Gouverneur der Festung Spandau. 1863 kann *Fontane* nur noch die Güter Gielsdorf, Wilkendorf und Jahnsfelde, zwischen Berlin, Wriezen und Küstrin gelegen, als im Besitz der Familie aufzählen. 1945 war Jahnsfelde das letzte Gut der großen Familie. Das Ansehen der Pfuels schilderte *Fontane* „als bedeutend genug, um noch am Ende des 15. Jahrhunderts, also fast hundert Jahre später als die *Quitzows*, wegen einer rückgängig gemachten Verlobung eine zehnjährige Fehde mit den Mecklenburger Herzogen führen zu können".

Der Feudalzeit entsprechend waren die Pfuels vornehmlich Offiziere der brandenburgischen Kurfürsten und der preußischen Könige. Der Dreißigjährige Krieg fand zwanzig Pfuels unter den Offizieren der brandenburgischen und schwedischen Armeen, unter dem *Großen Kurfürsten* dienten 25, ebensoviele unter *Friedrich II.* Acht kämpften noch in den Freiheitskriegen von 1812 bis 1815. Aber ebenso waren die Pfuels in hohen Staatsstellungen oder als Geistliche anzutreffen. Allein 32 von ihnen studierten bis zum Ende des 18. Jahrhunderts an der Universität Frankfurt an der Oder. Den Doktor der Rechte zu erwerben, war Familientradition.

Über den letzten Sitz der Pfuels schreibt *Fontane* im Jahre 1863: „Jahnsfelde ist seit 1449 in der Pfuelschen Familie ... Der gegenwärtige Besitzer hat voll historischen Sinnes und zugleich in Pietät gegen die ruhmreiche Vergangenheit seines Geschlechts

Theodor Fontane 1863 in seinen Wanderungen durch die Mark Brandenburg: „Der gegenwärtige Besitzer hat voll historischen Sinnes und zugleich in Pietät gegen die ruhmreiche Vergangenheit seines Geschlechts die unteren Räume des Hauses nach Art eines Familienmuseums eingerichtet. Erinnerungsstücke aller Art, Wappenschilde, Waffen, besonders aber Bildnisse befinden sich hier auf engstem Raum zusammen." Fontane erwähnt das Porträt der *Anna von Pfuel*, „ . . . Ort und Jahreszahl lauten: Garzin, 1594. Dies ist das älteste Bild der Sammlung." – Heute befindet es sich im Berlin-Museum.

die unteren Räume des Hauses nach Art eines Familienmuseums eingerichtet. Erinnerungsstücke aller Art, Wappenschilde, Waffen, besonders aber Bildnisse befinden sich hier auf
engstem Raum zusammen." Aus der Fülle der Sammlung
beschreibt *Fontane* das älteste Bild, das aus der Garziner Kirche
stammt und heute im Berlin-Museum West-Berlins hängt. „Es
stellt *Anna von Pfuel* dar, eine junge, reich geschmückte Frau,
lebensgroß, ganze Figur. Im Haar scheint sie eine Brautkrone zu
tragen. Ort und Jahreszahl lauten: Garzin 1594."

Schon 1783 starb achtundzwanzigjährig die Mutter *Johanna
von Pfuel*. Der Vater, seitdem mehr in Potsdam am Hof als in
Jahnsfelde, konnte sich kaum um die Erziehung seiner Söhne
Ernst und *Friedrich* kümmern. Sehr früh wurden die Jungen nach
Berlin in Pension geschickt, um an einer der Realschulen zu lernen. Nach dem Tod des Vaters 1789 übernahm *August Wilhelm
von Briest* auf Nennhausen, der mit den Pfuels entfernt verwandt
war, ihre Vormundschaft. Als Ernst die Sekundareife erreicht
hatte, wurde er 1792 in das Kadettenkorps aufgenommen. Die
Kadettenanstalt war in der Neuen Friedrichstraße, und oft genug
mußte Ernst als Page Hofdienst tun. Dies war eine Abwechslung
vom Lernen und Exerzieren für den Dreizehnjährigen. Auch
wenn die Pagen gehörig von der Berliner Straßenjugend geneckt
wurden, wenn sie in ihren roten Röcken, die manchem bis auf
die Füße hingen, zum Schloß marschierten.

Wegen guter Leistungen durfte Ernst schon 1793 an die
Ecole Militaire übergehen. Diese Schule, auch Académie des
Nobles oder Adliche Militärakademie genannt, war eine Vor-
bereitungsstufe für den Offiziersberuf, in der noch der aufkläre-
rische Geist der friderizianischen Epoche lebte: Unterrichtet
wurde an ihr vorwiegend in französischer Sprache und, obwohl
sie eine Kriegsschule war, überwogen im Unterrichtsplan Allgemeine Wissenschaften, Philosophie und Sprachen. Fünf der
sechs Professoren der Akademie waren Hugenotten. An dieser
Schule mag der junge Pfuel aus dem Erbe seiner Herkunft und
seiner Familie die geistige Sensibilität entwickelt haben, die den
preußischen Offizier damals wie bis zum Ende preußisch-deut-

schen Militärdaseins nur selten auszeichnete: Hier erhielt er das Fundament, um zum Weggenossen *Heinrich von Kleists,* zu einem der wenigen Militärs in den Kreisen der Berliner Salons, zum konspirativen Helfer des *Freiherrn vom Stein,* zum Mitstreiter der preußischen Militärreformer, zum Freund *Varnhagen von Enses* zu werden.

„Eine bedeutende Phantasie verband sich mit berechnendem Verstande: alles Außergewöhnliche zog ihn lebendig an, das Mystische und Phantastische ebenso wie die Erfindungen der neueren Zeit; das Wirken und Leben der Natur sowie das politische Leben der Völker: alles fand in seinem Geiste einen Eifer, es zu begleiten, ihre Fortschritte und Ergebnisse in der Zukunft zu berechnen." So beschreibt ihn seine Nichte *Caroline von Rochow* als einen Menschen, der den Übergang vom Rationalismus der Aufklärung zum Mystischen der Romantik verkörperte. Aus diesen Zeitströmungen bezog Pfuel den Mut und die Hoffnung, um „mit persönlichem Mut, Energie und einer glücklichen Gabe für die Auffassung von Menschen und Verhältnissen aufzutreten". Mit diesen Eigenschaften werden wir Pfuel besonders im deutschen Schicksalsjahr 1848 an drei Brennpunkten des Geschehens in Preußen erleben, in den Berliner Märzunruhen, während des Posener Aufstandes im Mai und schließlich als preußischen Ministerpräsidenten im Oktober.

Der Freund Heinrich von Kleists

Am 12. März 1797 wurde Pfuel von der Ecole Militaire als Fähnrich in das Garde-Infanterieregiment Nr. 18, dessen Chef der König war, nach Potsdam versetzt. Dieses „Regiment des Königs" diente dessen persönlichem Schutz und erfreute sich dadurch wiederum seiner Nähe und Zuwendung. Um als Offizier darin aufgenommen zu werden, reichte adlige Herkunft allein nicht aus. Es bedurfte dazu noch guter Beziehungen und hervorragender Begabung oder, wenn es daran fehlte, sichtbaren Reichtums.

In diesem Wachregiment traf der siebzehnjährige Pfuel auf den zwei Jahre älteren *Heinrich von Kleist,* der kurz zuvor zum Seconde-Leutnant avanciert war. Daß Pfuel und *Kleist* sich vorher schon kannten, ist bei der Nähe Jahnsfeldes zu Frankfurt an der Oder und der Schulzeit beider in Berlin sehr wahrscheinlich. Mit Pfuel trat auch *Otto Rühle von Lilienstern,* dessen Leben *Kleist* ebenso eng verbunden blieb, als Fähnrich in das Regiment ein. *Kleist,* der musikalische und hochgeistige *Rühle* und der ebenso ruhige wie aufgeweckte und begabte Pfuel bildeten rasch mit zwei weiteren Freunden, *von Schlotheim* und *von Gleißenberg,* einen Freundeskreis, der durch Gespräch, Beschäftigung mit Philosophie, Wissenschaften und Musik dem militärischen Einerlei zu entgehen versuchte. Gemeinsam lasen und diskutierten sie Abhandlungen und dichterische Versuche, wie es sich für bildungseifrige junge Menschen jener Epoche gehörte. Hier begann die tiefe Freundschaft zwischen *Heinrich von Kleist* und

Der Dichter *Heinrich von Kleist*, dem der Soldatenstand „ungleichartig und verhaßt war"; sein Freund Ernst von Pfuel, als Fähnrich ebenfalls ohne viel Neigung zum Militärdienst, zwei Jahrzehnte nach Kleists Tod Generalleutnant und Gouverneur des Preußischen Kantons Neuchâtel.

Ernst von Pfuel, die Pfuel für sein Leben, mehr als ein halbes Jahrhundert über Kleists Tod hinaus, an den Dichter band.

Hier bildete sich auch für Ernst Pfuel wie für seine Freunde eine erste Brücke zum „Salon", jener Kommunikationsform, die das Geistesleben in Deutschland zwischen Berlin, Jena, Dresden, Prag und Wien im ausgehenden 18. und beginnenden 19. Jahrhundert tief beeinflußte. Sein Leben hindurch blieb Ernst Pfuel, auch als junger Offizier, Widerstandskämpfer, General und Ministerpräsident, dem Salon als Keimzelle geistigen, wissenschaftlichen und politischen Fortschrittes verbunden.

Die mit den Pfuels wie mit den Frankfurter *Kleists* befreundeten Familien *Christian von Kleist, Christian von Massenbach* und die *Werdecks* öffneten den jungen Offizieren ihre Häuser. Auch die vier Jahre ältere Cousine, *Caroline von Rochow,* Tochter des Vormunds von Ernst und *Friedrich* von Pfuel, *August Wilhelm von Briest,* Herr auf Nennhausen, kümmerte sich um den jungen Fähnrich und seine Freunde. Eine lebenslange tiefe Beziehung zwischen beiden mag in den Potsdamer Jahren begonnen haben.

Die drei Freunde *Kleist, Rühle* und Pfuel beschlossen bald, vorzeitig den Dienst zu quittieren. *Kleist,* dem der Soldatenstand „ungleichartig und verhaßt" war, gelang es, im April 1799 auszuscheiden. Pfuel versuchte zunächst, den militärischen Alltag durch eigene Initiative zu beleben. Neben den Dienstobliegenheiten war er bestrebt, im militärischen Sinne Fechten, Schwimmen und Klettern bei Offizieren und Mannschaften einzuführen. Die Nähe zu *Kleist,* der nach kurzem Studium in Frankfurt wieder in Berlin lebte, war ein weiterer Trost. Mit ihm trafen sich die Freunde oft bei Babelsberg, Glienicke und Stölpchen zu Gespräch und Diskussion über *Kants* Philosophie und alles, was die Jugend der Jahrhundertwende bewegte. Je mehr Pfuel sich aber, auch angeregt durch seine geistvolle Berlin-Potsdamer Umgebung, philosophischen und mathematischen Studien zuwandte, um so weniger gab das mechanische Treiben des Militärdienstes in der Potsdamer Garnison seinem unruhigen und lebhaften Geist Befriedigung.

Ernst von Pfuel.

Hinzu kam, daß von seinen Verwandten und seinem Vormund nur knappe Unterstützung seines mageren Fähnrichssolds eintraf: „Sie werden mir zugeben, daß man mit nur 6 Thaler Gehalt nicht einen ganzen Monat auskommen kann. Ich bitte Sie dringend, mir eine monatliche Zulage von 5 Thalern zahlen zu lassen, denn selbst mein Regimentskommandeur, Oberstleutnant *von Ploetz,* gibt zu, daß es ohne einen solchen unmöglich ist zu existieren", schreibt ihm Ernst und gesteht in einem anderen Brief, in dem er um Befreiung vom Militärdienst bittet: „Der preußische Schneckengang benimmt mir alle Hoffnungen, mich emporzuschwingen!" Was eher geistig und nicht im Sinn einer Offizierskarriere gemeint ist. „Wenn Sie aber meine Wünsche nicht billigen, . . . dann sollen meine Bücher mich trösten."

Sein jugendliches Suchen brachte ihn auf den Gedanken, nach Amerika auszuwandern oder „in anderen Diensten, wo Krieg ist, Verwendung zu finden . . .". Seine ausgezeichnete Ausbildung und seine guten Sprachkenntnisse lenkten seinen Blick auch auf ein Studium oder sogar auf den diplomatischen Dienst. Reisen, Krieg, diplomatische und politische Missionen bot ihm sein späteres Leben in reichem Maß.

Das Gesuch um einen längeren Urlaub zum Studium in Paris wurde abgelehnt. Deshalb bat er nun ebenso wie sein Freund *Heinrich von Kleist* um den Abschied. Er nannte als Grund: Mit seinen bescheidenen Einkünften könne er der luxuriösen Lebensweise der Garnison nicht folgen! *Von Ploetz* befürwortete schließlich und urteilte günstig über den freiheitsdurstigen jungen Mann: „Kann vermöge seines guten in der Académie Militaire gebildeten Verstandes ein ausgezeichneter Offizier werden, ist brauchbar und unverdrossen im Dienst, ob er gleich zu selbigem keine Neigung hat. Spricht und schreibt sehr gut französisch." Die einflußreiche Verwendung auch anderer hoher Gönner verschaffte ihm schließlich im Juni 1803 den Abschied als Seconde-Leutnant.

Schon vor seinem Ausscheiden hatte Pfuel Urlaub bekommen und war nach Dresden übergesiedelt. *Kleist* war im Sommer

1801 mit seiner Schwester nach Paris gereist und anschließend weiter nach Bern gegangen. Im Frühjahr und Sommer 1802 hatte er auf einer kleinen Insel in der Aare bei Thun – dem Delosea-Inselchen – an der „Familie Schroffenstein" gearbeitet, die Arbeit am „Robert Guiskard" und vielleicht auch schon den „Zerbrochenen Krug" begonnen. Im Winter 1802 auf 1803 war *Kleist* wieder in Deutschland. Er lebte einige Monate in Oßmannstedt nahe Apolda bei *Christoph Martin Wieland* und arbeitete dort weiter am „Guiskard". Nach anfänglichem Widerstreben las *Kleist* dem alten Dichter aus dem Entwurf seines Dramas vor und erweckte in ihm den tiefsten Eindruck: „Wenn die Geister des *Aischylos, Sophokles* und *Shakespeares* sich vereinigten, eine Tragödie zu schaffen, sie würde das sein, was Kleists Tod Guiskards des Normannen ... mich damals hören ließ", urteilte und schwärmte der Alte.

Ende April war *Kleist* mit *Wieland* über Leipzig nach Dresden gekommen. Sofort lebte die Gemeinsamkeit mit Pfuel wieder auf. *Kleist,* Pfuel und *Wieland* lasen in der Dresdner Bibliothek, begeisterten sich in der Bildergalerie am Dresdner Neumarkt. Der junge wie der alte Freund drängten *Kleist,* am „Guiskard" fortzufahren. Als *Wieland* im Juli abgereist war, versuchte Pfuel allein, den Dichter in seinem Werk voranzubringen, versucht ihm Arbeitswillen und Lebensmut zu geben.

In die Auseinandersetzung der beiden Freunde gehört auch der Streit um das dramatische und komische Talent des Künstlers. Pfuel war so beeindruckt von den Guiskard-Fragmenten, daß er bezweifelte, ob *Kleist* ein gutes Lustspiel schreiben könne. Daraufhin diktierte ihm *Kleist* eines Abends die drei ersten Szenen seiner schon vor einem Jahr in der Schweiz begonnenen Komödie „Der Zerbrochene Krug". Dieser heitere Streit um *Kleist* als Lustspielautor ist als therapeutischer Versuch Pfuels zu werten: er wollte den Freund, der sich zu tief und verzweifelt in den „Guiskard" vergrub, an sein umfassendes Talent erinnern.

Über die Begegnung zwischen *Kleists* Todessehnsucht – entsprungen dem Wissen von seiner Begabung, der Sorge, daß nur ein geringer Teil seiner Zeitgenossen ihn verstehen würde, wie aus seiner Ahnung, die Kraft nicht zu besitzen, diesen Konflikt durchzustehen – und Pfuels selbstverständlichem Lebenswillen wird aus diesen Dresdner Tagen erstmalig berichtet: *Kleist* forderte Pfuel auf, durch einen gemeinsamen Tod der schändlichen Qual dieses Lebens ein Ende zu machen. Pfuel gab den gutmütigen Rat, man möge dies noch einmal überschlafen: „Noch ist es Zeit, warte nur noch, sobald es Zeit ist, werde ich's Dir sagen". Der Dichter ließ sich trösten. Pfuels Ruhe war weder Phlegma noch Gleichgültigkeit. Er mag gespürt haben, daß seine Besonnenheit dem zweifelnden, gehetzten, selbstquälerischen Freund wohltat.

Pfuel ermunterte *Kleist* schließlich, ihn auf einer Reise zu begleiten, die er sich schon lange vorgenommen hatte. Er wollte nach Paris, um an der Sorbonne zu studieren und um das Leben in der Hauptstadt des nachrevolutionären Frankreichs kennenzulernen. Von *Kleist*, der zwei Jahre vorher mit seiner Schwester dort gewesen war, begleitet zu werden, sah er als sehr vorteilhaft an. Und wenn er darüber hinaus, bevor sie nach Frankreich reisten, ein bißchen die Schweiz kennenlernen wollte, folgte er damit einem allgemeinen Interesse jener Zeit, das nicht nur den Schönheiten des Landes, sondern auch den politischen Zuständen in der „Helvetischen Republik", einem Vasallenstaat Frankreichs, galt.

Mit dem Umweg über die Schweiz verband Pfuel jedoch noch ein weiteres Ziel, das für ihn ebensoviel bedeutete, wie von *Kleist* nach Paris begleitet zu werden. Er wollte mit dem Freund solange in der Schweiz bleiben, bis dessen Arbeit am „Guiskard" abgeschlossen war. Den ruhigen Ort, wo dies gelingen könnte, hatte *Kleist* ihm beschrieben: Das Delosea-Inselchen im Thuner See. Pfuel empfand es als Freundesdienst, dem Dichter bei der Vollendung seines so sperrigen historischen Dramas beizustehen. Wenn dies gelungen war, gemeinsam mit *Kleist* nach Paris zu gehen, mag er sich als Lohn – für sich selbst, wie für den Freund – vorgestellt haben.

Zu einer so weiten und langen Reise brauchten sie Geld. Pfuel hatte das nötige von seinen Verwandten bekommen. *Kleist*, dem Pfuels Vorschlag äußerst gefiel, mußte seine Schwester *Ulrike*, die in Frankfurt an der Oder das karge Vermögen der verwaisten Kleistschen Geschwister verwaltete, um Reisegeld bitten.

Am 3. Juli 1803 schreibt er *Ulrike* aus Dresden: „Meine theuerste Freundin. Der Rest meines Vermögens ist aufgezehrt, und ich soll das Anerbieten eines Freundes annehmen, von seinem Gelde solange zu leben, bis ich eine gewisse Entdeckung im Gebiete der Kunst, die ihn sehr interessirt, völlig ins Licht gestellt habe. Ich soll in spätestens zwölf Tagen mit ihm nach der Schweiz gehen, wo ich diese meine litterarische Arbeit, die sich allerdings über meine Erwartung hinaus verzögert, unter seinen Augen vollenden soll. Nicht gern aber möchte ich Dich, meine Verehrungswürdige, vorübergehen, wenn ich eine Unterstützung anzunehmen habe; mögte Dir nicht gern einen Freund vorziehen, dessen Börse, im Verhältniß mit seinem guten Willen, noch weniger weit reicht, als die deinige. Ich erbitte mir also von Dir, meine Theure, so viele Fristung meines Lebens, als nöthig ist, seiner großen Bestimmung völlig genug zu thun. Du wirst mir gern zu dem einzigen Vergnügen helfen, das, sei es noch so spät, gewiß in der Zukunft meiner wartet, ich meine, mir den Kranz der Unsterblichkeit zusammen zu pflücken. Dein Freund wird es, die Kunst und die Welt wird es Dir einst danken.

Das Liebste wäre es mir, wenn Du statt aller Antwort selber kämest. Ich würde Dir mündlich manchen Aufschluß geben, den aufzuschreiben völlig außer meinem Vermögen liegt. In elf Tagen würdest Du mich noch hier, die nächstfolgenden Tage in Leipzig finden. Da würdest Du auch meinen Freund kennen lernen, diesen vortrefflichen Jungen. Es ist Pfuel, von Königs Regiment. – Doch auch Dein Brief wird mir genug sein. Adieu.

Dreßden, den 3. Juli 1803. *Heinrich v. Kleist.*

N.S. Grüße Alles und gieb mir Nachrichten."

Und als Ulrike zögert, macht ihr Bruder in einem weiteren Brief am 20. Juli klar, daß er auf jeden Fall reisen würde, auch Pfuel zuliebe: „Pfuels eigner Vortheil bei meiner Begleitung in die Schweiz ist zu groß, als daß ich jetzt zurücknehmen sollte, was ich unter andern Umständen versprach. Er würde immer noch die Reisekosten für mich bezahlen, um mich nur bei sich zu sehen, und da ich doch einmal in meinem Vaterlande nicht, nicht an Deiner Seite leben kann, so gestehe ich, daß mir selber für jetzt kein Platz auf der Erde lieber und auch nützlicher ist, als der an der seinigen. Laß mich also nur mit ihm gehen."

Ulrike kam und brachte Geld. Man konnte abreisen.

Wieland hatte noch einen ermutigenden Brief geschrieben, auch andere Freunde rieten zur Reise, und so brachen die beiden jungen Leute Ende Juli von Dresden auf.

Einige Tage blieben sie in Leipzig, reisten durch Hessen, Baden und die Schweiz und gelangten dort nach Bern und Thun. Reiseweg und Aufenthalt in der Schweiz hatten sie vorher den *Werdecks* mitgeteilt. Denn auch *Adolphine* und *Christoph von Werdeck* planten eine Reise in den Süden, die sie bald nach den beiden jungen Männern antraten. Am 7. August waren *Werdecks* in Bern, am 8. in Thun, wo sie enttäuscht waren, Pfuel und *Kleist* nicht vorzufinden.

Der Zufall brachte die vier dann am 11. August Aare-aufwärts in Meiringen zusammen. Im dortigen Wirtshaus erkannte *Werdeck,* als man gerade eingetroffen war, Pfuels Stimme im Nachbarzimmer. Er rief „Pfuel?", bekam ein „Ja" zur Antwort, und, so berichtet *Adolphine* weiter, „freudig stürzten wir auf die Tür, freudig wurden wir von der befreundeten Nachbarschaft, von Pfuel und *Heinrich Kleist,* empfangen. Ein Zufall hatte sie von der Grindel ins Hassli geführt. Pfuels unerschöpflicher Witz stimmte uns alle zum Frohsinn".

Dem Arbeitsziel der Reise – dem „Guiskard" – hatten sich die beiden Männer offensichtlich noch nicht zugewandt. Fürs

Die Aare-Insel bei Thun, das Delosea-Inselchen. Pfuel hoffte, daß *Kleist* hier sein Drama *Tod Guiskards des Normannenkönigs* vollenden würde.

erste erschienen ihnen die touristischen Attraktionen des Berner Oberlandes interessanter. Gemeinsam mit *Werdecks* wurde nun in der Gegend von Meiringen gewandert. Pfuel trug mit „mancher komischen Reisegeschichte" zur Erheiterung der Gesellschaft bei. *Kleist* war sich unschlüssig, ob er nach Thun zurückkehren sollte, um an seinem Stück weiterzuschreiben, und trennte sich dann auch einige Tage von den übrigen. Aber schon am 21. August hatten alle vier den Gotthardpaß überschritten und waren in Bellinzona eingetroffen. Pfuel war, wie *Adolphine Werdeck* schreibt, „immer heiter, immer interessant, nie so launisch als *Heinrich Kleist* erschien". Niemanden mag es verwundern, wenn *Kleist,* in Gedanken bei seinem Werk, abwesend und zerstreut war. Immerhin vermerkt *Adolphine,* daß er bei diesen Wanderungen „weniger als sonst mit sich selbst beschäftigt war". Noch ein Stück weiter führte die Reise nach Süden bis Varese, das in der Nähe von Como gelegen, wiederum als Stützpunkt für kleinere Exkursionen und Wanderungen diente. Die *Werdecks* fuhren von dort weiter nach Mailand. *Kleist* und Pfuel kehrten in die Schweiz zurück.

Ernsts Briefe an seine Verwandten in der Mark berichten von Amüsements, Abenteuern und Sehenswürdigkeiten. Verwundert fragen sich die *Fouqués, Briests, Kleists* und *Pfuels,* was denn aus den versprochenen Studien und Fortschritten in der Wissenschaft geworden sei. Wandertrieb und Abenteuerlust hatten ihn abgelenkt.

Erst Anfang September dürften *Kleist* und Pfuel auf ihrer Insel im Thuner See, nunmehr zu längerem Aufenthalt bereit, eingetroffen sein. Doch schon in den ersten Oktobertagen finden wir die Freunde wieder unterwegs. Sie haben die Delosea-Insel, den Ort der Ruhe, wo *Kleist* sich wieder in sein Werk finden wollte, verlassen. Kaum länger als drei Wochen kann der Aufenthalt gedauert haben. Der Erfolg, den Pfuel sich erhofft hatte, blieb aus.

Kleist hatte aufgegeben: „Der Himmel weiß, meine theuerste *Ulrike,* wie gern ich einen Blutstropfen aus meinem Herzen für jeden Buchstaben eines Briefes gäbe, der so anfangen könnte: Mein Gedicht ist fertig . . .", schrieb er am 5. Oktober aus Genf an seine Schwester. „Töricht wäre es wenigstens, wenn i c h meine Kräfte länger an ein Werk setzen wollte, das, wie ich mich endlich überzeugen muß, für mich zu schwer ist. Ich trete vor einem zurück, der noch nicht da ist, und beuge mich ein Jahrtausend im voraus vor seinem Geiste . . .". Über Lyon ging es weiter nach Paris, wo sie Mitte Oktober ankamen. *Kleist* war so verzweifelt, daß er, wie Pfuel später berichtete, nur noch an den Tod dachte. Von neuem forderte er seinen Freund auf, gemeinsam mit ihm aus dem Leben zu scheiden.

An einem Brief, den *Kleist* anderthalb Jahre später, am 7. Januar 1805, aus Berlin an Pfuel in Potsdam schreibt, erkennen wir, daß Hast und Unruhe dieser Reise nicht die Zeit zu Besinnung und Arbeit gaben. Möglich ist auch, daß die Unstetigkeit den unbewußten und unausgesprochenen Vorwand für die dichterische Untätigkeit hergibt. Die kurze Ruhe auf der Aare-Insel war, dies beweist der Brief, eher idyllisch als arbeitsam. *Kleist* schreibt: „. . . Damals liebten wir ineinander das Höchste in der Menschheit; denn wir liebten die ganze Ausbildung unsrer Naturen, ach! in ein Paar glücklichen Anlagen, die sich eben entwickelten. Wir empfanden, ich wenigstens, den lieblichen Enthusiasmus der Freundschaft! Du stelltest das Zeitalter der Griechen in meinem Herzen wieder her, ich hätte bei dir schlafen können, du lieber Junge; so umarmte dich meine ganze Seele! Ich habe deinen schönen Leib oft, wenn du in Thun vor meinen Augen in den See stiegest, mit wahrhaft m ä d c h e n h a f t e n Gefühlen betrachtet. Er könnte wirklich einem Künstler zur Studie dienen. Ich hätte, wenn ich Einer gewesen wäre, vielleicht die Idee eines Gottes durch ihn empfangen. Dein kleiner, krauser Kopf, einem feisten Halse aufgesetzt, zwei breite Schultern, ein nerviger Leib, das Ganze ein musterhaftes Bild der Stärke, als ob du dem schönsten jungen Stier, der damals dem Zevs geblutet, nachgebildet wärest. Mir ist die ganze Gesetzgebung des *Lykurgus,* und sein Begriff von der Liebe der Jünglinge, durch die Empfindung, die du mir geweckt hast, klargeworden . . ."

26

Ähnlich lesen sich jene Worte, die *Kleist* 1804 dem neunzehnjährigen *Varnhagen* ins Stammbuch schreibt: „Jünglinge lieben ineinander das Höchste der Menschheit, denn sie lieben in sich die ganze Ausbildung ihrer Naturen schon um zwei oder drei glücklicher Anlagen willen, die sich eben entfalten. Wir aber wollen einander gut bleiben."

Was *Kleist* dem jungen *Varnhagen* offenbarte, entspricht seinem Gefühl in diesen Jahren und erklärt auch die Beziehung zu Pfuel.

Nur zwei weitere Briefe, die *Kleist* an Pfuel schrieb, sind erhalten. Sie sind eher sachlichen Inhalts, lassen aber auch Schlüsse auf *Kleists* und Pfuels Beziehungen zueinander zu. Daß diese Briefe an die Öffentlichkeit gelangten, ist dem Mut des Kleist-Forschers *Georg Minde-Pouet* zu verdanken, der sie aus dem Pfuelschen Archiv – gegen den Willen der Familie von Pfuel und sicher auch gegen den Willen Ernst von Pfuels – veröffentlichte. Pfuel selbst und die Erben seiner Briefe haben die Preisgabe der Tiefe seiner Beziehung zu *Kleist* nicht gewollt. Pfuel wollte *Kleist* und sich nicht dem Mißverständnis späterer Zeiten aussetzen. Weitere Briefe *Kleists* an Pfuel, gesondert vom Pfuelschen Archiv aufbewahrt, sind wie dieses seit 1945 verschollen. Aus diesem Grund – vor allem aber wegen der von Pfuel lebenslang gewahrten Diskretion über den Freund seiner Jugend – haben wir heute keine weitere Möglichkeit mehr, ihr gegenseitiges Verhältnis deutlicher zu erkennen.

Über seinen Unwillen, sich nach *Kleists* Tod weitergehend über seinen Freund zu äußern, schrieb Pfuel im Februar 1812 in einem Brief an *Caroline de la Motte-Fouqué:* „. . . am besten ist's, es würde für's erste gar nichts mehr öffentlich darüber gesprochen, später wird die Wirkung größer und gewisser sein. – Da wir Christen sind, so ist die öffentliche Vertheidigung eines Selbstmörders immer eine kitzliche Sache, ja selbst viele seiner Freunde sind zuerst Christen und dann erst *Heinrichs* Freunde, . . . Ich für meinen Teil bin zuerst *Kleists* Freund und dann erst ein Christ, und deswegen weicht meine Ansicht von der

der meisten weithin ab, und ich bin nicht imstande, mich ihnen so über einen Freund verständlich zu machen, wie ich es wünsche, und wie ich einsehe, daß es nötig ist, um ihn zu rechtfertigen." Auch spätere Berichte Pfuels über seine Jahre mit *Heinrich von Kleist* sind zurückhaltend undeutlich und verschleiern durch Anekdotisches eher als aufzuhellen.

Auf dem Weg nach Paris gab Pfuel nicht auf, *Kleist* zur Weiterarbeit am „Guiskard" zu bewegen. „Du übst, du guter, lieber Junge, mit deiner Beredsamkeit eine wunderliche Gewalt über mein Herz aus, und ob ich dir gleich die ganze Einsicht in meinen Zustand selber gegeben habe, so rückst du mir doch zuweilen mein Bild so nahe vor die Seele, daß ich darüber, wie vor der neuesten Erscheinung von der Welt, zusammenfahre. Ich werde jener feierlichen Nacht niemals vergessen, da du mich in dem schlechtesten Loche von Frankreich auf eine wahrhaft erhabene Art, beinahe wie der Erzengel seinen gefallnen Bruder in der Messiade, ausgescholten hast." So beginnt *Kleists* Brief vom Januar 1805. Er wußte, welch uneigennützigen Freund er in Pfuel besaß, der ihm in allem helfen wollte: Durch gutes Zureden, manch deutliches Wort ebenso wie Scherz, durch Ablenkung, wie Theater und Geselligkeit, Gänge in den Louvre und den Besuch von Vorlesungen an der Pariser Universität.

Die *Werdecks* hatten die beiden erfreut am 14. Oktober in ihrem Pariser Hotel begrüßt. Sogleich hatte man im „Rocher de Cancale" zu Abend gespeist. Wenige Tage später waren sie gemeinsam Gast des preußischen Gesandten *Graf Lucchesini*.

Heinrich von Kleist aber geriet trotz aller Zerstreuung tiefer in seine Krise. Erneutes Liegenlassen und weiterer Aufschub des „Guiskard" wären vielleicht hilfreich gewesen. *Kleist* floh abermals in seine Todessehnsucht, und wieder forderte er Pfuel auf, gemeinsam mit ihm zu sterben. Heiterkeit und Geduld verließen den Freund. Streit brach aus. *Kleist* stürzte im Zorn aus der gemeinsamen Wohnung fort und fand – zurückgekehrt – ein Billett von Pfuel vor, in dem er schrieb, daß er unterdessen ausgezogen war. Darüber war *Kleist* so verzweifelt, daß er alle seine

Papiere vernichtete – und auch das Manuskript des „Guiskard"
verbrannte.

Paris, Frankreich, Europa 1803 : *Napoleon* hatte sich mit einer
Volksabstimmung zum Konsul auf Lebenszeit ernannt. Das
linke Rheinufer war als französische Grenze bestätigt. Der Code
Civil, das Zivilgesetzbuch, das die Rechtsentwicklung Europas
im neunzehnten Jahrhundert wesentlich prägen sollte, stand
kurz vor seiner Veröffentlichung. In Deutschland hob der
Reichsdeputationshauptschluß zahlreiche deutsche Kleinstaa-
ten auf und begann so, die politischen und rechtlichen Grundlagen des alten deutschen Reiches zu zerstören.

Im Herbst des Jahres 1803 plant *Napoleon* eine Landung
in England, sammelt eine Invasionsarmee bei Boulogne, um
noch vor dem Winter auf die Insel überzusetzen. Österreich ist
ebenso wie England feindselig gegenüber Frankreich, Preußen
ist neutral.

Nicht mehr Dichter, nicht mehr Schriftsteller, versucht
Kleist sich als Soldat. Aber ihm ist nicht nach Kampf und Bewäh-
rung, sondern nach Tod zumute. – *Napoleon*, noch nicht von
Europa gehaßt, sondern von der Jugend und großen Teilen der
„Intelligenz" als Wegbereiter des Fortschritts und der Freiheit
begrüßt, als Vorkämpfer der Ideale der Französischen Revolution angesehen, findet *Kleists* Begeisterung.

Von Paris nach Flandern, wo sich die Invasionsarmee bei
Boulogne sammelt, ist es nicht weit. Ohne Abschied, ohne
Nachricht eilt *Kleist* dorthin. Tagelang warten seine Freunde in
Paris auf ein Lebenszeichen. Schließlich zeigen sie in der größten
Angst sein Ausbleiben bei der Polizei und bei der preußischen
Gesandtschaft an. Alle Nachforschungen sind erfolglos. In der
Morgue, einer Halle, wo die täglich in der Millionenstadt aufge-
fundenen Leichen ausgestellt sind, suchen Pfuel und die *Wer-
decks* nach *Heinrich von Kleist*. Ist er verunglückt, einem Mord
zum Opfer gefallen, ausgeraubt?

Kleist ist auf dem Weg nach Norden. Krieg und Kriegsdienst sind ihm Vorwand, der Tod, mag er durch den Kampf Sinn erhalten, ist sein Ziel. Aus St. Omer schreibt *Kleist* an *Ulrike:* „Ich stürze mich in den Tod. Sei ruhig. Du Erhabene, ich werde den schönen Tod der Schlachten sterben . . . Oh, Du Geliebte, Du wirst mein letzter Gedanke sein!"

Pfuel in Paris ist außer sich, ein Freund schildert den Verzweifelten als eine närrische Mischung von Gutmütigkeit und Wildheit. *Graf Lucchesini* erhält schließlich einen Brief von *Kleist,* in dem dieser ihm verworren seinen Plan, französischer Soldat zu werden, mitteilt und um einen Paß bittet. *Lucchesini* gibt den Brief nach Berlin weiter und stellt *Kleist* einen Paß auf Potsdam aus, – zwingt den „preußischen Leutnant" damit zur Heimreise, die *Kleist,* erkrankt, in Mainz ein halbes Jahr unterbricht.

Von *Kleist* getrennt hört Pfuel weiter Vorlesungen an der Sorbonne in Paris, wenn er auch das Ziel seines Studiums seinen Verwandten nicht klarzumachen vermag. Im Dezember fragt sein Onkel aus Gielsdorf nach: „Du willst studieren – das ist schön; aber was? und wozu? Seit einigen Tagen hat man hier die Nachricht, daß Dein Reisegefährte *Kleist* sich bei der Landungs-Armee engagiert habe, und man will behaupten, daß Du ihm gefolgt seiest. Ist das wahr? Wie steht das zum Studium?"

Ein richtiges Studium war es wohl nicht; Pfuel hatte besseres Französisch gelernt, tieferes Verständnis für Frankreich, seine Menschen und seine Politik gewonnen. Er lebte nun als ein sympathischer vierundzwanzigjähriger Jüngling unter den Deutschen in der unruhigen Hauptstadt Frankreichs.

Die Mahnungen aus der Heimat brachten ihn zurück nach Potsdam „zur Disposition" für den Soldatenstand. Und dort, am 29. Juli 1804, erschien, als Pfuel abends schon im Bett lag, *Kleist* in der Tür. *Heinrich,* von dem seine Familie ebenfalls die Aufnahme eines geregelten Lebens verlangt, will um Aufnahme in den preußischen Staatsdienst nachsuchen. Man begegnete ihm ungnädig. Das Establishment am Hof verstand ihn nicht, hatte den König gegen ihn eingenommen. Der Finanzminister *von Altenstein* gibt *Kleist* jedoch eine Chance im Finanzdepartement. Der Minister ist offen genug, ihn als „einen jungen Mann, wie ihn das Vaterland braucht", zu bezeichnen.

Für *Kleist* war ein solches Beamtendasein aber eher katastrophal. „– Wie flogen wir vor einem Jahr einander, in Dreßden, in die Arme! Wie öffnete sich die Welt unermeßlich, gleich einer Rennbahn, vor unsern in der Begierde des Wettkampfs erzitternden Gemüthern! und nun liegen wir, übereinander gestürzt, mit unsern Blicken den Lauf zum Ziele vollendend, das uns nie so glänzend erschien, als jetzt, im Staube unsres Sturzes eingehüllt!" schreibt der Dichter später dem Freund aus Königsberg nach Potsdam.

Ein Außenstehender würde die Situation *Kleists* wohl kaum so empfunden haben. Die königliche Abneigung gegen *Kleist* hinderte ja nicht seinen Zugang zu den Spitzen des Staates, zum Außenminister *von Haugwitz,* zu den Ersten Kabinettsräten *von Lombard* und *von Beyme.* Manche Kleist-Biographen mögen die Situation des Dichters deprimierend darstellen, doch nicht jeder Adlige des Landes war dem Kreis um den König und dem König selbst so nahe! Erfreulich war auch, daß die beiden Freunde der Potsdamer Gardezeit, *Rühle* und *Schlotheim,* ebenfalls in der Hauptstadt waren. Und wenn ihnen Kanzlei und Kaserne nicht gelegen haben – Berlin erlebte bis 1806 den Höhepunkt des „Salons", die glänzendsten Häuser standen ihnen offen.

Der „Literarische Salon" ist ein Begriff für die geistige Kultur von der preußischen Aufklärung bis zum Ende der Romantik. Mit der Pressefreiheit friderizianischer Prägung und dem literarischen Aufschwung seit *Lessing* und *Nicolai,* Sturm und Drang und letztlich mit der Klassik hatten sich in den meisten deutschen Residenzen und Städten Lesezirkel gebildet. Die reichlich produzierte Literatur jener Zeit wurde gelesen und besprochen, die unzähligen literarisch-kritischen Blätter, Zeitschriften, Almanache von Haus zu Haus gegeben und diskutiert.

Caroline de la Motte-Fouqué, geborene *von Briest,* Frau des Dichters *Friedrich de la Motte-Fouqué,* selbst Verfasserin vieler Erzählungen und Romane in den zahlreichen Almanachen der Zeit.

In Berlin führte die Integration der jüdischen Elite in die Gesellschaft, die *Friedrich der Große* in Gang gesetzt hatte, zur „Idee des Salons an sich". Die berühmtesten Häuser waren hier die der *Cohens,* der *Rahel Levin,* der *Henriette Herz.* „Wer also auf eine recht ungenierte Art gute Gesellschaft sehen will, läßt sich in solchen Häusern einführen, wo natürlich jeder Mensch von Talenten, wenn es auch nur gesellige Talente sind, gern gesehen wird und sich auch gewiß amüsirt, weil die jüdischen Frauen – die Männer werden zu früh in den Handel gestürzt – sehr gebildet sind, von allem zu sprechen wissen und gewöhnlich die eine oder andere schöne Kunst in einem hohen Grade besitzen," schreibt *Friedrich Schleiermacher,* Pfarrer und Theologe.

Es war seine Cousine *Caroline von Briest,* 1803 hatte der Dichter *Friedrich de la Motte-Fouqué* sie geheiratet, die Pfuel, als er 1804 nach Potsdam und Berlin zurückkehrte, in den Kreis des vielseitigsten und berühmtesten der Berliner Salons einführte, in die Runde, die sich bei *Rahel Levin* im „Dachstübchen" in der Jägerstraße traf.

Caroline von Briest hatte als Vierzehnjährige 1789 den vier Jahre älteren Gardeoffizier *Friedrich von Rochow* geheiratet. Nach anfänglich glücklichen Ehejahren, aus denen zwei Söhne hervorgingen, geriet *Rochow* in die Gesellschaft von Trinkern und Spielern der Potsdamer Garnison und vernachlässigte seine junge Frau mehr und mehr. Schließlich entwürdigte er *Caroline* soweit, daß er einen *Grafen Lehndorff,* seinen Freund, mit einer Wette dahin brachte, sie zu seiner Geliebten zu machen – zum Vater ihrer Tochter *Clara.* Die Trennung der Ehe war bereits beschlossen, als sich *Rochow* 1799 wegen Spielschulden, die er nicht bezahlen konnte, erschoß.

Carolines Schicksal als junge Frau bewog möglicherweise *Fontane,* den mit *Carolines* Vater erloschenen Namen Briest als Titel seines Romans „Effi Briest" zu verwenden.

In der Ehe mit *Friedrich de la Motte-Fouqué* entwickelte *Caroline* ihr schriftstellerisches Talent. Das Paar lebte auf dem

Briestschen Gut Nennhausen, nahe der kleinen Stadt Rathenow im Havelland. Durch sein literarisches und politisches Interesse und sein offenes Haus hatte Carolines Vater *August Wilhelm von Briest* Nennhausen zum Treffpunkt geistig bewegter Menschen seiner Zeit gemacht. Obwohl das Dichterehepaar auch in Berlin eine Wohnung hatte, lebten *Friedrich* und *Caroline* meistens in Nennhausen, das durch sie noch anziehender wurde. Sieht man dazu den lebhaften Schriftwechsel, den *Caroline Fouqué* und *Rahel Levin* miteinander führten, so ist Nennhausen nahezu ein Satellit des Berliner Salons.

Für Ernst und seinen jüngeren Bruder *Friedrich* war Nennhausen auch Heimat, war doch der alte *Briest* ihr freiwillig gewählter Vormund. Die enge Verbindung, die Ernst zu *Caroline* bis zu ihrem Tod 1831 hielt, hatte ihre Voraussetzung in gemeinsamen Kindertagen in Nennhausen und in den geistigen Beziehungen, die in der Potsdamer Zeit Ende der neunziger Jahre gewachsen waren, als Ernst von Pfuel und *Heinrich von Kleist* mit ihren Freunden in *Carolines* Haus verkehrten. – *Friedrich von Pfuel* heiratete 1824 – in zweiter Ehe – *Carolines* Tochter *Clara*.

In Rahels Salon haben sich einst Ernst von Pfuel und *Carl August Varnhagen* kennengelernt. *Varnhagen* war in den Jahren 1803 und 1804 Erzieher in der *Cohenschen* Familie.

Unruhe und Sorge überschatten im April 1804 den militärischen „Wartestand", den der Leutnant von Pfuel mehr im Kreise seiner Berliner Freunde als an seinem Standort Potsdam verbringt: *Schlotheim* hat einen Selbstmordversuch unternommen. *Caroline Fouqué* schreibt an Pfuel nach Potsdam: „*Kleist* besucht und tröstet den Genesenden." Von *Rühle* erfährt man Erfreuliches. Er hat *Kleist* einen Aufsatz geschickt, Stücke von *Racine*-Übersetzungen, und *Kleist* urteilt darüber: „Er hat die ganze Finesse, die den Dichter ausmacht, und kann auch das sagen, was er n i c h t sagt. Es ist besonders, welche Kräfte sich zuweilen im Menschen entwickeln, während er seine Bemühung auf ganz andere gerichtet hat."

Während wir so das literarische Berlin miterleben, unterliegen Österreich, England, Rußland und Schweden *Napoleon* im 3. Koalitionskrieg. Aber mit dem Frieden von Schönbrunn am 12. Dezember 1805 deuten sich schon die ersten Spannungen zwischen Preußen und Frankreich an, auch wenn Preußen in einem „brüderlichen" Gebietsaustausch Wesel, Neuenburg, Ansbach und Bayreuth abtreten will und mit dem Kurfürstentum Hannover entschädigt werden soll. 1806 bereits ist Preußen mit Rußland verbündet und fordert ultimativ die Zurückziehung der französischen Truppen aus dem widerrechtlich besetzten Ansbach, Bayreuth und Bayern.

Ernst von Pfuel war am 11. April 1805 der Dienst in Ostpreußen angewiesen worden. Der König gab dem Gardeoffizier die Chance, sich bei den Füsilieren fern im masurischen Johannisburg von der Pariser Eskapade zu rehabilitieren. *Caroline Fouqué* gratuliert „mit schwerem Herzen zu der Placierung. Wir sind betrübt über die weite Entfernung . . ." und empfiehlt, er möge dem König schriftlich danken und „mit einfließen lassen, Sie sähen aus der Art der Placierung, daß der König noch immer ungnädig auf Sie wäre. Sie würden aber alles Mögliche anwenden, in dem neuen Posten des Königs Gnade zu verdienen . . .", um nach einiger Zeit die Rückversetzung ersuchen zu können. Sie möchte, daß der König dadurch festgelegt wird, denn „mich machts traurig, wenn ich oft sehe, wie die viel vermögenden Herren ihr Wort brechen, ohne rot zu werden".

Kleist, der im Finanzdepartement unter *Altenstein* zwar sehr erfolgreich, zeitweilig sogar mit sich selbst zufrieden, gearbeitet hatte, folgte ihm nach Ostpreußen. Er hatte um Beurlaubung gebeten, um sich bei der Königsberger Domänenkammer als Praktikant und gleichzeitig als Student der Königsberger Universität weiter ausbilden zu lassen. – Am 1. Mai 1805 verließ *Kleist* Berlin, reiste eiligst durch die Neumark, Pommern, Kaschubien und das Ermland nach Ostpreußen. Am 5. Mai meldet die Königsberger Fremdenliste sein Eintreffen im „Hotel de Russie bei Gregoire in der Kehrwiederstraße".

Praktikantentätigkeit, volkswirtschaftliche Vorlesungen bei *Kraus,* Dichtung, zunächst am „Kohlhaas", dessen Geschichte ihm Pfuel in Berlin erzählt hatte und an dem er noch dort recherchiert hatte, stimmten *Kleist* zufriedener. Nicht nur fordert er Pfuel auf, auch er sollte eine Tragödie schreiben. Wirklichkeitsnäher korrespondiert er mit dem in Johannisburg stationierten Leutnant auch über die ewigen Geldangelegenheiten, die wohl oder übel einen Schwerpunkt im Briefschrifttum jener Zeit bilden. Er diskutiert mit Pfuel auch die hydrostatischen Grundlagen eines Unterseebootes. Der Amerikaner *Robert Fulton* hatte 1801 Ideen zu einem solchen Fahrzeug publiziert. Ob *Kleist* und Pfuel davon wußten oder selbständig den erfinderischen Gedanken hatten, ist unsicher. Streng und wissenschaftlich weist *Kleist* in seinem Brief vom 2. Juli 1805 Pfuel auf einige Berechnungsfehler hin und erläutert, wie das Schiff sich unter Wasser fortbewegen kann. „Schreibe mir bald, ob Du richtig das Geld empfangen hast. Adieu. H. K." schließt der Brief.

Die Sache mit dem „Hydrostaten" – dem Unterseeboot – bezeugt Pfuels aktives naturwissenschaftliches Interesse. Es zeigt sich auch in seinem weiteren Leben, als er 1809 in Prag in österreichischen Diensten zum ersten Schwimmpädagogen Europas wird, als er in Wien an einem Fluggerät bastelt, für dessen Flugfähigkeit er „nur um 10 bis 15 Pfund hätte leichter zu sein brauchen!"

Der dritte erhaltene Brief *Kleists* an Pfuel, ebenfalls Königsberg, Juli 1805, belegt wieder die Unruhe des Dichters und die Zurückhaltung des Freundes. „Das Ende Deines Briefes, und Deine Wehmuth, daß aus unserem Plane, nach Neuholland zu gehen nichts geworden ist, würde mir rührend sein, wenn ich mir einbilden könnte, daß du wirklich etwas dabei empfunden hättest. Aber unter uns allen ist keiner, der in der That resigniert, als ich allein. Warum sollten wir drei, te duce, nicht ein Schiff auf der Ostsee nehmen können?"

Im Sommer 1806 richtet sich Preußen auf das Wagnis eines Krieges gegen *Napoleon* ein, nachdem die übrigen Mächte Europas gescheitert sind. Preußen erklärt Frankreich wegen der Besetzung Frankens den Krieg. In naiver Berufung auf die friderizianischen Erfolge kommt jedoch erst im September 1806 ein offensiver Geist in die preußischen Kriegsrüstungen. *Napoleon* fällt aus Franken in Sachsen und Thüringen ein. Die preußische Armee, ebenso hochmütig wie unentschlossen geführt, psychologisch und materiell schlecht vorbereitet, unterliegt in der Doppelschlacht von Jena und Auerstedt am 14. Oktober 1806 trotz tapferstem Kampf. Schlechte Führung ist die Ursache der Niederlagen. Neunzehn Generale fallen als Linienoffiziere. In den zwölf eingesetzten Regimentern wird fast die Hälfte der Offiziere getötet oder verwundet.

Pfuel war unter den ostpreußischen Truppen, die im Herbst 1806 an der Weichsel zusammengezogen wurden, als Adjutant dem General und Divisionskommandeur *Graf von Schmettau* zugeteilt und an dessen Seite am 14. Oktober in der Schlacht. *Schmettau* fällt, ein Entlastungsangriff auf Hassenhausen scheitert. Die Armee flieht nach Norden, in mühseligen Eilmärschen, ständig in Nachhutgefechte verwickelt. Während *Napoleon* östlich von ihr über Leipzig auf Berlin vorrückt, geht die Flucht der Preußen über Magdeburg, Stendal und Gadebusch in Richtung auf die Küste. Da man auch nach Westen abgeschnitten ist, entsteht der Plan, nördlich um Berlin herum, das *Napoleon* am 24. Oktober einnimmt, Rostock und Stettin zu erreichen und so viele Truppen wie möglich über See nach Ostpreußen zu bringen.

Die Schreckensnachricht durchfährt Preußen und erreicht *Kleist* in Königsberg: „40.000 Mann auf dem Schlachtfeld, und doch kein Sieg! Es ist entsetzlich. Pfuel . . . Was aus ihm geworden ist, weiß ich nicht. Auch von *Rühlen* habe ich seit drei Wochen keine Nachricht erhalten . . . Denn wenn sie alle denken wie *Rühle* und Pfuel, so ergibt sich keiner. Ich war vor einiger Zeit willends, nach Berlin zu gehen, doch mein immer krankhafter Zustand macht es mir unmöglich. Ich leide an Verstopfung, Beängstigungen, schwitze und phantasire . . . Mein Nervensystem ist zerstört . . .“

Pfuel wird von Magdeburg aus nach Stettin vorausgeschickt, um die Einschiffung zu organisieren. Er reitet nach Nordosten über Genthin und Rathenow.

Auf den gleichen Wegen flieht in chaotischem Durcheinander das Hohenlohesche Korps mit über 15.000 Soldaten der geschlagenen preußischen Armee. Überwältigt von den Eindrücken der Schlacht, von Niederlage und Flucht kommt Pfuel durch Nennhausen, das nur wenige Kilometer östlich von Rathenow liegt, und verzweifelt: Es gäbe keine preußische Sache mehr, erklärt er vehement seinen Verwandten, weiterer Einsatz sei sinnlos, und deshalb wolle er bei ihnen bleiben. Die *Fouqués* mahnen ihn, „ungesäumt die preußischen Truppen aufzusuchen und die weiteren Schicksale Preußens, welche sie auch sein möchten, auf seinem angewiesenen Platze hinzunehmen". Dramatisiert gibt *Varnhagen* dieses stop-over in seinen „Denkwürdigkeiten" wieder. Für ihn als Historiographen ist es ein Beispiel für das geschichtliche Prinzip des Widerstreits von Anfechtung und Verantwortlichkeit, das seine Geschichtsphilosophie bestimmt und das wir in entscheidenden Phasen von Pfuels Soldatenleben wiederfinden werden.

Pfuel wandte sich zum Blücherschen Korps, das, besser geführt und zusammengehalten, zur gleichen Zeit die Elbe bei Havelberg in östlicher Richtung überschritten hatte. Doch auch *Blücher* konnte seine Soldaten nicht vor dem raschen Ansturm der Franzosen retten. Er mußte mit 21.000 Mann bei Lübeck die Waffen niederlegen. Durch die Kapitulation von Ratekau geriet Pfuel in Gefangenschaft. Mit dem Ehrenwort, in diesem Krieg nicht wieder gegen Frankreich zu kämpfen, wurde er jedoch bald entlassen.

Widerstand und Salon

Gleich nach seiner Freilassung begab Pfuel sich per Schiff nach Ostpreußen. Er hoffte, „ausgewechselt" zu werden und weiterkämpfen zu können. Der Wunsch wurde ihm nicht gewährt. Nun versuchte er, eines der in der Mark entstandenen Freikorps zu erreichen. Im Januar 1807 brach er von Königsberg mit *Kleist*, dessen Schwester *Ulrike* und zwei anderen auf „Ehrenwort freigelassenen" Offizieren auf. *Ulrike* blieb unterwegs in dem Kleistschen Gut Schorin und ließ die Männer allein weiterreisen. Von Stettin kommend, beschloß Pfuel kurz vor Berlin einen Abstecher nach Nennhausen. *Kleist* und seine beiden Kameraden wurden wenige Tage nach ihrer Ankunft in Berlin von der französischen Militärregierung als Spione verhaftet.

In Nennhausen fühlte Pfuel sich nicht sicher. Er fuhr sehr bald über Lübeck wieder nach Königsberg zurück und schloß sich dort einem Landungsunternehmen an, das von Memel und Pillau durch die Ostsee nach Vorpommern und Rügen führen sollte. Die Truppe landete zwar, hatte jedoch sofort die Waffen niederzulegen. Denn nach den Schlachten von Preußisch-Eylau und Friedland mußte Preußen Frankreich am 9. Juli den „Frieden von Tilsit" zugestehen. Am 8. Oktober 1807 erhielt Pfuel auf seinen Wunsch wiederum Entlassung.

Sein Weg führte ihn unmittelbar nach Dresden, ebenso wie auch *Kleist* dorthin strebte, der nach fünf Monaten aus französischer Gefangenschaft entlassen war.

Am 27. Oktober 1806 zieht *Napoleon* feierlich in Berlin ein. Berliner und Berlinerinnen applaudieren. „Endlich ertönte der Ruf: Vive l'Empereur! Die berliner Polizeisergeanten waren dienstbeflissen bemüht, durch Püffe und Kniffe die gaffende Menge anzuregen, in das Lebehoch mit einzustimmen, wobei die Straßenjugend mit bestem Beispiel voranging. Eine Schaar von Marschällen und Generalen in reichgestickten Uniformen, mit Ordensbändern und Sternen geschmückt, die Hüte mit weißen Straußfedern verziert, bildeten das glänzende Gefolge des Kaisers, der sich durch Einfachheit des Anzuges, Nachlässigkeit der Haltung und gleichgültigen Ausdruck des Gesichtes vor den anderen Generalen unterschied, aber ganz Berlin zur Bewunderung hinriß." *(Friedrich Förster)*

Das Geistesleben der Berliner Gesellschaft hat durch französische Besetzung, durch Kriegskontributionen und Verarmung der Bürger seine ideellen und materiellen Grundlagen – Freiheit des Geistes und Wohlstand – verloren und ist so gut wie zusammengebrochen. Wer es sich leisten kann, hat die Stadt verlassen. Der Berliner Salon lebt verstreut in Dresden, der Hauptstadt des Königreichs Sachsen, das durch den Beitritt zum Rheinbund zeitweilig eine gewisse Freiheit gewähren kann, in Prag und in Wien wieder auf.

Rühle von Lilienstern, der Freund, hat in Dresden für die nächste Zeit vorgesorgt. Er hat, so schreibt *Kleist* schon am 17. September, Pfuel durch den Herzog *Karl August von Weimar* eine Pension von 600 Thalern verschafft, für die er dem *Prinzen Bernhard* in Dresden Fechtunterricht geben soll. *Rühle* selbst war kurz zuvor – Ende August – mit Billigung *Friedrich Wilhelm III.* aus dem Regiment Garde ausgeschieden und hatte in Dresden als sachsen-weimarischer Major die Erziehung des *Prinzen Bernhard,* des Sohnes des *Herzogs Karl August,* übernommen.

Allerdings gibt es infolge der Militärgesetze erst einmal Schwierigkeiten, Unterkunft für *Kleist* und Pfuel zu finden. In der Stadt Dresden selbst dürfen sie nicht wohnen. Sie müssen sich zunächst mit einer kleinen Wohnung in einer Vorstadt begnügen.

Kleist arbeitet an der „Penthesilea" und am „Käthchen von Heilbronn", und „der Lieutnant Pfuel ficht täglich mit dem Prinzen, und dieser macht augenscheinliche Fortschritte, . . .", schreibt *Rühle* an den Verleger *Karl Bertuch.* Er selbst „wirft sich mit ungewöhnlichem Eifer auf die französische Sprache . . .", so daß seine Zeit . . . „auf den Flügeln des Sturmwindes unaufhaltsam davoneilt".

Die jungen Männer sind im früheren geistigen Feuer vereint. Ein neuer Freund belebt die Runde: *Adam Müller,* gleichaltrig, war damals Hofmeister, also Hauslehrer der Kinder des polnischen Magnaten *Boguslaus Peter von Haza* aus Lewitz bei Posen, der mit seiner Familie in Dresden lebte. *Müller* hatte kurz zuvor dessen Frau *Sophie,* Mutter von vier Kindern, erobert, sie zur Scheidung gebracht und geheiratet. Als Journalist, Staats- und Gesellschaftstheoretiker muß er nun für ihre und seine Ernährung sorgen – und ihren „Salon" erhalten. Die Residenz des Sekretärs der österreichischen Gesandtschaft, *Baron von Buol-Mühlingen,* sowie das Palais eines der reichsten Kavaliere Sachsens, des Herrn *von Carlowitz,* und das Haus der Familie *Körner* sind weitere Zentren des literarischen Lebens in Dresden. Zwischen Pfuel und *Emma Körner,* der Schwester des Dichterjünglings *Theodor Körner,* bestand schon seit 1803 eine freundschaftliche Zuneigung, die jetzt wieder auflebt.

Sofort wagen sich die jungen Männer auch an literarische Projekte. Prinzenerziehung, Fechtunterricht, Geselligkeit befriedigen nicht. *Rühle* plant ein militärwissenschaftliches Journal „Pallas, Zeitschrift für Staats- und Kriegskunst", das auch wirklich von 1808 bis 1810 erscheint. *Adam Müller* hat den Gedanken, eine Verlagsbuchhandlung zu gründen und eine literarische Zeitschrift herauszugeben. „Phoebus" wird das Journal heißen. Pfuel, der gerade wieder etwas Geld bekommen hat, ist bereit, die Zeitschrift mitzufinanzieren, *Kleist* will dafür schreiben. Er berichtet seiner Schwester *Ulrike* am 17. Dezember 1807 über die Finanzierung: „Die Verlagskosten, für den ganzen Jahrgang, betragen 2.500 Reichsthaler, wozu *Rühle* 700 Rthlr und Pfuel 900 Rthlr hergeben, macht mit meinen 500 Rthlr in Allem 2.100 Rthlr, der Rest kann von dem, was monatlich eingeht, schon bestritten werden." Das Geld hatte Ernst übrigens von seinem jüngeren Bruder *Friedrich* bekommen. Beiträge werden für das Journal reichlich angeboten, *Goethe* soll gewonnen werden. *Kleist* will sein gerade vollendetes Trauerspiel der Amazonenkönigin „Penthesilea" einbringen.

Aber *Kleist,* so optimistisch er dieses kaufmännische Projekt auch beschreibt, steckte schon mehr in der Dichtung als in den Geschäften. Wie tief er von seinen eigenen Werken ergriffen war, berichtete später *Varnhagen:* Pfuel und er wohnten Stube an

Stube, eines Tages trat er ganz verstört und tief seufzend bei Pfuel ein, der besorgt auffuhr und fragte: „Was ist Dir denn, *Kleist*? Was ist geschehen?" Dabei sah er, daß ihm die hellen Tränen über die Backen flossen. *Kleist* antwortete mit dem Ausdruck verzweifelter Trauer: „Sie ist nun tot!" – „Wer denn?" – „Ach, wer sonst als Penthesilea!" Pfuel mußte jedoch lächeln und sagte: „Du hast sie ja selber umgebracht!" – „Ja, freilich!" erwiderte *Kleist* und nahm allmählich die heitere Stimmung des Freundes an.

Der Sinneswandel des frankreichfreundlichen Kosmopoliten *Kleist* zum Gegner *Napoleons* und deutschen Nationalisten fällt in diese Zeit. Durch ihre arrogante Besatzungspolitik hatten die französischen Eroberer die seit dem *Großen Kurfürsten* und *Friedrich II.* frankophile Intelligenz Preußens gegen sich aufgebracht. *Kleist* vertraut sein antifranzösisches Haßgedicht „Germania" Pfuel an, der es in den Tagen der Rückeroberung Berlins im März 1813 veröffentlicht, um den Freiheitsgeist in Preußen anzufachen.

Der „Phoebus" entwickelte sich zunächst glänzend. Aber schon mit dem 6. Heft ging die Zeitschrift im November 1808 ein. Im April 1809 teilte *Adam Müller Rühle* und Pfuel den Verlust ihrer Anteile mit. Wie Pfuel den Verlust seines Geldes verschmerzt hat, wissen wir nicht. Vom Verlegertum war er jedenfalls geheilt: Als *Friedrich Schlegel* ihn ein Jahr später für ein Journal gewinnen will, lehnt er ab: „. . . Das kann der Anlage nach sehr leicht ein Ende mit Schrecken nehmen; die Zeit ist keiner literarischen Unternehmung günstig. Die Leute sind ohne Geld und die Zensur ohne Erbarmen."

Im Frühjahr 1808 heiratete Pfuel in Lentzke bei Fehrbellin die einundzwanzigjährige *Karoline von Byern,* Tochter eines Kavalleriegenerals, und zog mit ihr nach Dresden. Nur wenig mehr als ein Jahr Gemeinsamkeit war hier dem jungen Paar gegönnt. Sie wohnten vor einem der Tore der Stadt „auf dem Wege nach dem Linkeschen Bade", schreibt ein Freund an *Wilhelm von Gerlach,* den ältesten Sohn des ersten Oberbürgermei-

Ernst von Pfuels erste Frau *Karoline von Byern* stammte aus Lentzke bei Neuruppin, wohin die *Fouqués* enge Beziehungen hatten.

sters von Berlin, *Leopold von Gerlach. Clemens Brentano* kommt vorbei, *Varnhagen* und *Rahel Levin* wollen Pfuels im September aufsuchen, *Fouqué* gibt ihnen aus Nennhausen Grüße mit. Auch *Friedrich Pfuel* ist in diesen Monaten wieder in Dresden.

Ebenso wie Ernst gehörte der jüngere Bruder in die Runde der preußischen Salons. Auch ihn hatte *Caroline Fouqué* eingeführt, und zwischen Nennhausen, Berlin und Dresden ist er mit dabei: *Kleists* „Bettelweib von Locarno" nimmt seine Story aus einer Spukgeschichte, die *Friedrich* in Gielsdorf erlebt haben will.

Die politischen Grundhaltungen der beiden Pfuels sind allerdings unterschiedlich: *Friedrich* – eher konservativ gestimmt – gehört der „christlich-deutschen Tischrunde" an, die von *Adam Müller, Achim von Arnim* und *Clemens Brentano* 1811 als ein Club ausschließlich für Herren gegründet wurde. Man trifft sich zum Essen, trägt Geschichten und Abhandlungen vor – aber „Juden, selbst die getauften, und Philister sind ausgeschlossen". Auch *Kleist* ist Mitglied der Tischrunde. – Ernst bleibt beim liberal-kosmopolitischen Kreis der *Rahel,* die 1814 *Karl August Varnhagen von Ense* geheiratet hat.

Auf die literarische Heiterkeit in der sächsischen Metropole fielen indessen bald politische Schatten: die ebenso patriotische wie literarische jugendliche Emigration in Dresden war unzufrieden mit dem franzosenfreundlichen Rheinbund-Staat Sachsen. In den Dresdener Salons versuchte man zwar, durch Umgehen politischer Themen und Verweilen bei Kunstgegenständen oder weit abgelegenen harmlosen Gesprächsgegenständen Auseinandersetzungen zu entgehen. Pfuel trug in den Abendzirkeln durch seine geselligen Talente zur Ablenkung bei. Die Widerstandsstimmung der Jugend wuchs jedoch, zumal Österreich begann, gegen *Napoleon* aufzurüsten. Pfuel betätigte sich zunächst konspirativ durch Übermittlung statistischer und topographischer Nachrichten aus dem Frankreich verbündeten Sachsen. Die Kleist-Forschung spricht von einer „Gruppe Pfuel, *Kleist, Adam Müller,* an die sich alle Gegenbewegungen anknüpften".

Als sich aber im Frühjahr 1809 endlich Gelegenheit bietet, als Soldat gegen *Napoleon* zu kämpfen, hält Pfuel es bei Frau und Freunden in Dresden nicht länger aus. In Norddeutschland versuchte bereits *Schill* mit seinem Freikorps, den deutschen Freiheitskampf auszulösen, von Schlesien brach die Freischar des *Herzogs von Braunschweig* nach Mitteldeutschland auf. In Bayreuth – also nicht so fern von Dresden – formierte sich als Freikorps die „Fränkische Legion". Pfuel erreicht es, an ihrer Aufstellung als Kapitän mitzuwirken. Mitte April reist er nach Franken ab. Seine Frau geht zurück zu ihrer Mutter nach Lentzke.

Emma Körner berichtet ihrem Bruder *Theodor* am 20. April von einer Abreise Pfuels nach Weimar. In Wirklichkeit reitet er jedoch zunächst über Prag nach Wien, um mit dem *Erzherzog Karl* die Operationen der Fränkischen Legion zu erörtern. Bei der Rückkehr entgeht er nur um Haaresbreite der Gefangennahme durch *Napoleons* Truppen.

Die Fränkische Legion, bei der Pfuel seit dem 13. Mai ist, führt bei Eger und in Sachsen einen Ablenkungskampf gegen die Franzosen, während der *Erzherzog Karl* mit der österreichischen Hauptarmee gegen *Napoleon*, der in Bayern vorwiegend mit deutschen Hilfstruppen des Rheinbundes kämpft, erfolglos bleibt. Zwar siegen die Österreicher im Mai bei Aspern, werden aber im Juni in der mörderischen Schlacht bei Wagram von *Napoleon* entscheidend geschlagen. Am 14. Oktober 1809 kapituliert Österreich im Frieden zu Wien.

Der offene Kampf gegen *Napoleon* geht danach wieder in das Konspirative über. Noch aus den Sommertagen berichtet *Friedrich Pfuel*, „daß er damals mit dem in geheimer Mission in Österreich tätigen *Heinrich von Kleist* zusammengetroffen sei". Auch *Friedrich* hatte „sowohl in Prag als in Wien einige Geschäfte, die der guten Sache förderlich sein werden".

Nach dem Wiener Frieden kam Pfuel als Hauptmann mit der Fränkischen Legion in der Stadt Brüx in Böhmen in Garnison. Brüx, am Südhang des Erzgebirges, ist weniger als 20 km von Teplitz, einem der bedeutendsten Modekurorte jener Zeit, entfernt. Hier traf sich trotz Krieg, Napoleonischer Beherrschung und Besetzung in der Sommerzeit des Jahres 1810 die Welt der Salons aus Berlin, Weimar, Dresden und Wien. *Goethe* war es, der das Bad zum besonderen Anziehungspunkt des geistigen Lebens machte.

Garnison in Brüx bedeutete für Pfuel keinesfalls Ruhe. Schon im Januar 1810 finden wir ihn bei *Körners* in Dresden auf der Durchreise nach Berlin. Was aus ihm werden soll, scheint nicht entschieden. Der Militärdienst ist wohl nicht die Hauptsache, denn „er war jeden Abend bei uns und so heiter wie ehemals. Von *Kleisten,* der sehr kränkelt, hat er uns Stellen aus ein paar sehr interessanten Gedichten vorgesagt", erfahren wir aus dem Körnerschen Hause. Weil es in der deprimierenden Situation Deutschlands und Mitteleuropas seit der österreichischen Niederlage nichts mehr zu tun gibt, nimmt er schließlich im Sommer 1810 einen längeren Urlaub von den Jägern der Fränkischen Legion. Zwischen Nennhausen, Lentzke, Berlin, Gielsdorf und Jahnsfelde durchwandert er die Mark. Anläßlich der Totenfeiern für die *Königin Luise* am 5. August 1810 ist er in Berlin. Er berichtet an *Caroline Fouqué,* daß er und seine Freunde *Kleist* und *Müller* von den Reden in den verschiedenen Kirchen nicht sehr erbaut gewesen seien. Er empfand *Ancillons* *) Beschreibung des Lebens der geliebten Königin als „steckbriefartig", und *Müller* war über *Schleiermachers* kalt und herzlos gesprochene, „mit der besten Moral gesättigten Perioden indigniert".

Bei diesen Totenfeiern hat Pfuel seinen Freund *Kleist* wohl zum letzten Mal gesehen. Im November 1811 gab *Heinrich von Kleist* sich am Kleinen Wannsee bei Potsdam mit *Henriette Vogel* – einer Art Zufallsbekanntschaft oder, wie Pfuel schreibt, einer „Bekannten von gestern mit dem Gepräge des Unächten an der Stirn" – den Freitod.

*) des Theologen und Geschichtsprofessors, seines früheren Lehrers an der Militärakademie.

Zu dem Ort, an dem *Kleist* seinen Tod fand, heute eine Gedenkstätte am Westrand Berlins, gibt es eine beziehungsreiche Überlieferung aus der Jugend der Freunde: 1801 bei ihren Wanderungen zwischen Potsdam und Berlin seien *Kleist, Rühle* und Pfuel an jener Uferstelle des Kleinen Wannsees vorbeigekommen. *Kleist* habe dort mit seinen beiden Freunden über die verschiedenen Möglichkeiten des Selbstmordes gesprochen. Er befand als sicherste Methode, mit einem Kahn auf den See hinauszufahren, sich die Taschen mit Steinen zu beschweren, sich auf den Bootsrand zu setzen und die Pistole gegen sich abzufeuern ...

„Denen, die *Heinrich* nicht kannten, bleibt die Tat ewig ein tiefes Rätsel – trotz allem, was darüber gesagt werden kann; ...“ schreibt Pfuel Anfang Februar 1812 aus Wien an *Caroline Fouqué.* „Dagegen daß *Kleist* sich überhaupt den Tod gab, habe ich nichts, gar nichts. Er war so gequält und zerrüttet, daß er den Tod mehr lieben mußte als das Leben, das ihm von allen Seiten so sauer gemacht wurde; nur so mußte er nicht sterben, so in unechter Exaltation versunken oder doch so versunken scheinend; er konnte würdiger, schöner enden; er hat es mir schwer gemacht, und das ist's, was mich schmerzt, Gefallen im Tode an ihm zu finden, so wie ich es im Leben an ihm gefunden hatte; und aus dieser Ursache hat mich seine Tat weniger erschüttert, als viel mehr mir wehe getan. –“

Heinrich von Kleist hatte Ernst von Pfuel den Weg zum kritischen Menschen, in seinem Soldatenberuf zum „gebildeten Militär“ gewiesen. Zu Männern vom Schlage der Militärreformer *Scharnhorst* und *Boyen,* des fortschrittlichen Strategen *Gneisenau,* bei denen die Spannung zwischen Denken und Handeln die Energie nicht lähmte, sondern befruchtete. Männer, die weder die Beschränktheit bloßer „Täter“, noch die Gedankenarmut der „Vereinfacher“ kannten, die mit der Militärreform parallel zu den Reformen *Steins* und *Hardenbergs* für ein freiheitliches Preußen wirken wollten.

In einem Brief an seine Schwester *Ulrike* hatte *Heinrich von Kleist* 1801 das Leben beschrieben „... als schweres Spiel ...“, weil man beständig und immer von neuem eine Karte ziehen soll und doch nicht weiß, was Trumpf ist; ich meine darum, weil man beständig und immer von neuem Handeln soll und doch nicht weiß was recht ist." Diese Frage aus *Kleists* und seiner Freunde Entwicklungsjahren um die Jahrhundertwende hat Ernst von Pfuel zu handeln gelehrt: In entscheidenden Stunden in den Freiheitskriegen, bei der Bestrafung des Aufstandes der sächsischen Truppen 1815, der Niederwerfung des Bürgeraufstandes in Neuchâtel, in Berlin im März und September 1848 und bei der Pazifizierung des Posener Aufstandes im Mai 1848 setzte Pfuel Recht, Freiheit und Leben vor Gewalt, Unterdrükkung und sinnlosen Tod.

Den Rest seines Urlaubs von der Fränkischen Legion verlebt Pfuel in Teplitz. *Goethe* erwähnt in seinem Tagebuch für August und September 1810, wie er mit *Bettina Brentano, Prinz Bernhard von Weimar, Rühle* und *Alexander von der Marwitz* im Park spazieren gegangen und mit *Rühle,* Pfuel und *Bose* mehrfach zu Tisch gewesen sei. Im September reist *Goethe* mit dem Prinzen über Dresden nach Weimar zurück. Zur gleichen Zeit – die Fränkische Legion ist inzwischen aufgelöst – wird Pfuel in das österreichische Infanterieregiment Erzherzog Rainer in Prag aufgenommen.

Es ist einer der österreichischen Truppenteile mit bedeutender Tradition: 1683 bei der Belagerung Wiens durch die Türken aufgestellt, hat es um 1810 fast den Charakter eines Garderegiments. Doch neben der Anerkennung, in diesem Regiment dienen zu können, ist Pfuel im Oktober wieder eher beim Salon als beim Militär. Er schreibt am 18. Oktober seiner Cousine *Caroline Fouqué* einen langen Brief über die Teplitzer Szene. *Caroline* hatte Ernst nach den *Goethe* umschwärmenden „genialen Frauen" in Teplitz, nach getauften und ungetauften Musen des emigrierten Berliner Salons, den Schwestern *Sara von Grotthuss* und *Marianne von Eybenberg,* der Schriftstellerin *Regina Frohberg,* geborene *Rebecca Salomon,* und nach deren unverheirateter zweiundzwanzigjähriger Schwester *Marianne Saaling* gefragt.

„Die älteste Flußbadeanstalt unseres Stadtteils" – berichtet
1927 eine Festschrift zum 125jährigen Bestehen der Luisenstadt,
wie das nordöstliche Kreuzberg früher hieß – „wurde im Jahre
1817 durch den General von Pfuel begründet. Ursprünglich
als Militäranstalt errichtet, befindet sie sich noch heute im
staatlichen Besitz (Schupo). Doch ist sie seit längerer Zeit
auch der Zivilbevölkerung zugänglich, kann aber wegen der
Tiefe der Spree nur von Schwimmern benutzt werden."

Ernst berichtet zuerst über *Goethe,* klatscht über die Damen des Modebades und kommt so zu *Marianne Saaling* – in die er „leidenschaftlich verliebt war", wie *Varnhagen* später meinte –, sich selbst wie die Sprache des Salons charakterisierend: „Die *Saaling* ... war für mich dreimal interessanter als die übrigen drei, dreimal genommen, das will so viel heißen, als ich habe mich ein bißchen in sie verliebt; wenn man weiter nichts zu tun hat kann ein kleiner Zeitvertreib nichts schaden. Die letzten Tage in Teplitz waren schon rauh und kalt, man mußte sich nach etwas Erwärmendem umtun, ... und wie gesagt, ich kann nicht klagen; Feuer ist Feuer, es schüre ein Christ oder ein Jude. Die *Saaling* hat einen Verstand der mir behagt, schnell und gewandt und ohne Prätention spielte sie einem den Ball in demselben Takte zurück wie man ihn ihr zuwarf. Ich liebe die Leute, mit denen man ein Wort sprechen kann, wo der Scherz sich frei und ungezwungen bewegen darf und die den Scherz überall auswittern und herbeirufen; ... wie ich eigentlich mit der *Saaling* darangewesen bin, weiß ich nicht; mir kommt es so vor, als hätten wir uns gegenseitig überlisten und überpfiffen wollen; obgleich noch ziemlich jung hat sie doch gewiß schon auf den Feldern der Liebe Schätze von Erfahrungen gesammelt und somit kann sie mich leicht wie ein neues Experiment betrachtet haben; das ist mir aber schon recht, denn ich habe es gern ebenso mit ihr gemacht; mit dem S e i n ist es bei einem ephemeren Bade-Umgang ein langweiliges Ding, da halt' ich's indem ich's mit dem S c h e i n e n ... Doch wem sage ich denn das alles? Einer erfahrenen Kriegsgenossin, die alles besser weiß als ich und darum basta. Da hast Du also meine 4 Jüdinnen, 2 getaufte und 2 ungetaufte, wie gefallen sie Dir? ..."

Varnhagen vermutet, als er diesen Brief 1833 im Nachlaß *Caroline Fouqués* findet, Antisemitismus und gerät in Zorn. Er hat, nachdem *Rahel* im Frühjahr 1833 gestorben war, seinen Blick auf *Marianne Saaling* geworfen und will sich mit ihr verloben. – Indessen ist Pfuels Brief nicht antisemitisch, sondern Jargon eines Dreißigjährigen, der dazu gehört. Sein ältester Sohn *Wolf Kurt,* im Dezember 1809 geboren, heiratet 1843 *Maria von Lamprecht,* eine Großnichte *Rahel Levins.*

Daß die „Kriegsgenossin" *Caroline Fouqué* nicht in Teplitz ist, obwohl sie gern möchte, scheint Ernst Pfuel trotz *Marianne Saaling* nur recht zu sein. Er gratuliert *Carolines* Ehemann, daß der „Jupiter *Goethe* ihr keine Reise nach Teplitz inspiriert" hat, und erklärt *Caroline*, „daß der alte Hexenmeister sich bald in immer engeren Kreisen, vorzugsweise um Dich herumgedreht und bei Deiner glänzenden Anlage zur Begeisterung ein Meisterstück von Hexerei geliefert haben würde". Nun, in den Teplitzer Augusttagen des Jahres 1810, hatte der Hexenmeister *Bettina Brentano* – als sie auf der Durchreise vom Brentanoschen Gut Bukowan zu ihrem Verlobten *Achim von Arnim* nach Berlin ein paar Tage in Teplitz blieb – verzaubert und „durchbuchstabiert".

„Ich sehe *Goethe* täglich bei dem Herzog", schreibt Pfuel an *Caroline*, „und ich kann Dir nicht sagen, wie seltsam mir der Mann wohlgefällt; noch ist mir niemand vorgekommen, der meinem Innern so wohltäte; ich kann ihn nicht ohne ein heimliches Lächeln betrachten! Ich spreche zu niemandem lieber als zu ihm und wieder fühle ich mich vor niemand so demütig als vor ihm und von niemand so zur Keckheit angeregt als durch ihn. Aus dem einen Auge blickt ihm ein Engel, aus dem anderen ein Teufel, und seine Rede ist eine tiefe Ironie aller menschlichen Dinge; wenn er zuweilen im engeren Kreise recht heiter ist und das Gespräch allmählich bunt wird, dann weist er uns zuweilen zurecht und nennt uns: ihr Kinder! und dann fühle ich, daß der alte Papa recht hat und beuge mich vor dem alten Meister und sehe ein, wie wahr es ist, wenn er wie neulich sagte: Der Jugend Kenntnis ist mit Lumpen gefüttert!"

Und als *Caroline* sich nach jenem Gemisch von Engel und Teufel näher erkundigt, äußert Pfuel nun in ernsterem Ton: „Ich glaube, daß *Goethe* eine andere Art Eindruck auf Dich machen würde, als Du es Dir vorstellst; in so gigantischer Gestalt sich auch sein Geist vor einem aufpflanzt, so geht ihm doch ein Element ab, welches zu derjenigen Art der Erhabenheit notwendig gehört, die der Mensch mit Liebe umfaßt; ich möchte dies Element das christliche im Menschen nennen; man wird oft an ihm eine gewisse Härte gewahr, die jede freie Hingebung zurückscheucht. Er ist tolerant, ohne milde zu sein, und erscheint oft nur sanft, solange seine Persönlichkeit mit ins Spiel kömmt, und Ansprüche unberührt bleiben, die noch nicht fest begründet sind. Nichtsdestoweniger hat er einen wunderbar angenehmen Eindruck auf mich gemacht; es ist dies nicht der Eindruck der Begeisterung, der stillen Anbetung, sondern der des Erkennens einer lange undeutlich gefühlten Wahrheit, einer anmutig gelösten Aufgabe, mit deren Auflösung ich mich selbst lange vergebens beschäftigt. Ich staune nicht vor *Goethe*, sondern er gefällt mir darum so unendlich wohl, weil ich ihn begreife, mich in ihm spiegele, mich in ihm beständig wiederfinde und zwar klarer und deutlicher und gefälliger als in mir selbst."

In den wenigen brieflichen Äußerungen Pfuels, die erhalten sind, erkennen wir ebenso deutliche Beobachtungsgabe wie sprachliche Kraft und konzentrierten Ausdruck. Wir bemerken Elemente der Sprache *Kleists,* ebenso aber auch des Salon-Geplänkels und der Forschheit militärischen Jargons. Unverkennbar ist seine schriftstellerische Begabung. Als *Varnhagen* zur gleichen Zeit *Friedrich Fouqué* bittet, ihm einen Militärschriftsteller zu empfehlen, denkt *Fouqué* an Pfuel, gibt aber zu bedenken, daß er nicht „Sitzfleisch zum Schreiben genug hat". *Fouqué* urteilt richtig. Unruhe, bewegliches Interesse und Abenteuerlust bringen bis dato trotz der Anregung *Kleists,* sich auch am „Phoebus" schriftstellerisch zu beteiligen, lediglich gut konzipierte und deshalb literarisch wie historisch wertvolle Briefe hervor. Doch obwohl er nach *Fouqué* und *Varnhagen* zum Schriftsteller nicht taugt, entwickelt der Offizier Ernst von Pfuel in den Jahren 1811 und 1812 schriftstellerisches Interesse und im Vorstadium höchster preußischer und nationaler Emotion auch Deutlichkeit und Eindruck mit seiner Beschreibung der Napoleonischen Niederlage und Flucht in Rußland.

Doch bis dahin werden noch zwei Jahre vergehen. Pfuel richtet sich im Österreich des Jahres 1811 ein. Er reist von Teplitz nach Dresden seiner Frau *Karoline* entgegen, um sie und den einjährigen Sohn *Wolf Kurt* mit nach Prag zu nehmen. Prag, so scheint ihm, „bietet mehr Ressourcen als Berlin". Der so urteilt,

„22. August. Teplitz. Tabelle der Tonlehre. Bei Zelter. Neu komponierte Lieder. Über Berlin. Gebadet. Mit Rühle, Pfuel, Bose zu Tisch . . ." *Johann Wolfgang von Goethe*, Tagebuch 1810.

sieht die Universitätsstadt im österreichischen Böhmen mehr aus der kulturellen Sicht als aus der militärischen. Und Militärdienst ist eintönig. Pfuels Idee: Schwimmunterricht für die Soldaten, Einrichtung einer Schwimmanstalt in Prag. 1798 hatte der Pädagoge *Johann Christoph Friedrich Guts Muths* ein „Kleines Lehrbuch der Schwimmkunst" geschrieben. Wenn Menschen bis dahin im Wasser schwammen, so paddelten sie wie Hunde oder Pferde – dem Frosch hatte es noch niemand abgesehen. Seit seiner Potsdamer Leutnantszeit Sportler – Reiter, Schnelläufer und Schwimmer –, schlank, nicht hoch gewachsen, durchtrainiert, machte Pfuel seinen Soldaten „die neue Schwimmkunst" vor. Weniger die Idee körperlicher Ertüchtigung mag es gewesen sein, als der Gedanke, den Soldaten die Furcht zu nehmen, Flüsse und Seen zu durchqueren und ihre Einsatzfähigkeit dadurch zu verbessern, der ihn dazu brachte, 1811 in der Prager Garnison das Brustschwimmen einzuführen. Seitdem gilt Pfuel als der Begründer dieser Sportdisziplin. Das Training in der Moldau war für die Stadt eine Sehenswürdigkeit: Wöchentlich gab es zwei große Vorstellungen, in denen 150 Schwimmer ihre Fähigkeiten zeigten.

Es mag grotesk klingen: wo sich Pfuel in späteren Jahren seiner Militärlaufbahn längere Zeit aufhielt, gründete er Schwimmschulen; so auch 1817 in Berlin, wenig unterhalb der Oberbaumbrücke in der Spree: Im Winter 1815/16 hatte Pfuel seinen Vorschlag unterbreitet. Am 9. April 1816 schrieb *Friedrich Wilhelm III.* an den Kriegsminister *von Boyen:* „Ich übergebe Ihnen den anliegenden Vorschlag des Oberst von Pfuel vom Generalstab zur Errichtung einer militärischen Schwimmanstalt . . . und wenn die Kosten der ersten Einrichtung eines Lokals für die Anstalt nicht zu beträchtlich ausfallen, auch ihre Erhaltung durch sie selbst zu bewirken sein sollte, so bin ich geneigt, auf die Ausführung des Planes einzugehen." Im Mai 1816 lagen dem König die Pläne vor. „Allein in diesem Jahre sind soviel bedeutende Bauten angeordnet, daß mit der Errichtung jener Anstalt jetzt nicht vorgeschritten werden kann."

Bis ans Ende der dreißiger Jahre unseres Jahrhunderts bestand in Kreuzberg die „Pfuel'sche Schwimmanstalt". Die Pfuelstraße erinnert dort an den Gründer. Anlagen in Köln und Magdeburg entstanden einige Jahre danach. 1817 gibt Pfuel in Berlin eine kleine Broschüre „Über das Schwimmen" heraus. Eine zweite Auflage folgt 1828. 1862 erscheint eine „Instruktion für den militärischen Schwimmunterricht nach der Pfuelschen Methode". Ein knappes Jahr nach Pfuels Tod wird im August 1867 in der „v. Pfuel'schen Schwimmanstalt zu Berlin" seine Büste aufgestellt.

Bevor Pfuel dann im Dezember 1811 nach Wien versetzt wird, unterbreitet er dem Wiener Hofrat eine Ausarbeitung, die aufzeigt, wie im kommenden Sommer 30.000 Schwimmer ausgebildet werden könnten. Selbst *Varnhagen,* dem man Praktisches kaum zusprechen konnte, wird in die Beschäftigung mit der Schwimmkunst hineingezogen. *Varnhagen,* der sich im Sommer 1811 mit *Rahel Levin* in Teplitz aufgehalten hatte, kam im Herbst nach Prag und wurde dort von Pfuel mit den „verlangten Vorschlägen zu den nötigen Veränderungen am Schwimmgebäude" empfangen.

Die sporthistorisch interessante Einführung der organisierten Schwimmkunst war jedoch nur Nebensache. Hauptsache war die Weiterarbeit am Widerstand gegen die französische Vorherrschaft in Europa unter der Führung des *Freiherrn vom Stein,* der von Prag aus die Anlehnung an Rußland zu organisieren begann. Um hieran durch Auswertung militärhistorischen Schrifttums mitzuwirken, war Pfuel nach Wien kommandiert worden.

Im September 1811 wurde Pfuels zweiter Sohn *Bernhard* in Prag geboren. Er starb schon im Februar 1812 in Wien – ein Schatten über dem Leben des Ehepaares Pfuel. Seine Frau *Karoline* war ihm von Prag nach Wien gefolgt. 1808 in Dresden, 1809 in Berlin, wo der älteste Sohn *Wolf Kurt* zur Welt kam, danach, im Jahre 1810, daheim in Lentzke, 1811 in Prag – als Zigeunerdasein empfindet Pfuel sein und seiner Frau

Umhergeworfenwerden: „. . . *Karoline* gewiß nur für eine stille wenig um sich greifende Häuslichkeit bestimmt lebt wie eine Zigeunerin immer auf Wanderschaft . . .", schreibt er an die *Fouqués*. Und wenn auch Wien noch mehr an Zerstreuungen und Interessantem zu bieten hatte als Prag – die Verhältnisse, unter denen die deutschen Emigranten dort lebten, waren äußerst ärmlich. Wegen hoher Papiergeld-Emissionen zur Deckung der Kriegskontributionen stand der österreichische Staat kurz vor dem Bankrott. Pfuel schildert, daß seine Haupteinnahme in einem Wintermonat „1 Klafter Holz" gewesen sei. Dieses Heizmaterial war bei der plötzlichen Entwertung des Papiergeldes mehr wert als das ganze, 200 Papiergulden betragende Monatsgehalt.

In Wien traf er alte Bekannte: *Friedrich* und *Dorothea Schlegel*, er als Redakteur der österreichischen Armeezeitung; *Adam Müller* und den jungen *Theodor Körner,* der hier seine patriotischen Gedichte veröffentlichen wollte, was in der franzosenfreundlichen Hauptstadt Sachsens lebensgefährlich geworden war.

Unter *Radetzky* arbeitete Pfuel im Wiener Kriegsarchiv. Aufgrund von Studien der Bibliothek verfaßte er eine Arbeit über die Feldzüge *Dschingis-Khans*. In „Hormayrs Historischem Taschenbuch" schrieb er mehrere Aufsätze. *Hormayr* hatte in einer Handschrift den innerösterreichischen Krieg des Jahres 1809, besonders den Tiroler Aufstand, beschrieben. Die Analyse dieses Aufstandes ebenso wie des Aufstandes in der Vendée interessierten den *Freiherrn vom Stein* als Muster für Erhebungen in Deutschland. Aus Prag hatte er Pfuel *Beauchamps* „Histoire de la Vendée" zur Auswertung nach Wien mitgegeben. Trotz dieser Vorbilder macht sich *Stein* allerdings wenig Hoffnung: „Auf freiwillige, ausgebreitete, zu gleicher Zeit ausbrechende Insurrektion kann man bei dem Phlegma der nördlichen Deutschen, der Weichlichkeit der oberen Stände, dem Mietlingsgeist der öffentlichen Beamten nicht rechnen. Man wird Volksbewaffnungen oder Landsturm und Bildung von Landwehrbataillonen empfehlen, dem Adel Degradation, den Beamten Kassation bei Lauigkeit und Schlaffheit ankündigen müssen. – Kräftig wird die Geistlichkeit mitwirken . . .".

So geht denn Pfuels Arbeit an der Auswertung des Vendée-Kriegs auch nicht rasch vorwärts, gesteht er dem Reichsfreiherrn. Die Beschäftigung mit der russischen Verteidigungsstrategie angesichts des bevorstehenden Napoleonischen Angriffs ist interessanter. In einem Brief an *Stein* äußert er sich zu einer möglichen Strategie der Russen, die die 1812 ausgeführten Operationen schon erkennen läßt. Er empfiehlt ein „Kriegführen in Wellingtonscher Manier", also bewegliche Geplänkel anstelle von Entscheidungsschlachten, und das Prizip, „in Widerwärtigkeiten nie Frieden zu machen, und das um so weniger, je schwieriger die Lage scheint. Ein langer Kampf ist schon ein halber Sieg über *Napoleon,* bei dem alles auf Kürze abgesehen und auf schnelle Entscheidung berechnet ist." Pfuel meldet dem Reichsfreiherrn auch „mancherlei Bewegungen unter den Truppen, und vorzüglich der Abmarsch beträchtlicher Geschützkolonnen nach Polen, deuten, auch bei der zur Zeit noch bestehenden Ruhe und selbst Gerüchtlosigkeit, auf etwas hin, das sich im Stillen entwickelt". Er fürchtet für die in österreichischen Diensten stehenden Offiziere, sie könnten gezwungen werden, gegen ihr Vaterland und gegen ihre Interessen in *Napoleons* Hilfstruppen eingesetzt zu werden.

Der 24. Februar 1812 bringt für die preußischen Offiziere in der Emigration die tragische Wende. Preußen muß sich verpflichten, für *Napoleons* bevorstehenden Rußlandfeldzug 20.000 Mann zu stellen. 30.000 Mann Hilfstruppen werden Österreich im März auferlegt. Im Mai hält *Napoleon* Heerschau in Dresden über die Grande Armée, die mit mehr als 500.000 Mann, davon die Hälfte europäische Hilfstruppen, mit 1.000 Kanonen und 20.000 Packwagen nach Rußland aufbrechen soll. Ungeheuer rasch entfaltet sich die Armee zur russischen Grenze zwischen Njemen und Weichsel.

Für die emigrierten Offiziere droht die Gefahr, unter österreichischen Fahnen für *Napoleon* gegen Rußland kämpfen zu müssen. Einigen gelingt es, zusammen mit dem *Freiherrn vom Stein,* noch in den Monaten März bis Mai über Galizien nach Rußland zu entkommen. Pfuel läßt sich, um nicht in einen zum

Kampf für *Napoleon* bestimmten österreichischen Truppenteil aufgenommen zu werden, unter dem Anschein der Betreuung der Schwimmanstalt nach Prag zurückversetzen, will dort aber mit *Stein* nähere Verabredungen für die Vorbereitung eines Aufstandes in Preußen treffen. Er verfehlt *Stein* jedoch, der schon Ende März abgereist war, will ihm nunmehr nach Rußland folgen, kann aber nicht mehr den gleichen Weg wie *Stein* wählen, weil er weder Polnisch noch Russisch spricht und keine Chancen sieht, sich als Fremder durch das von Franzosen scharf kontrollierte Galizien und Polen durchzuschlagen. So bleibt ihm nur der Weg durch Norddeutschland und über die Ostsee, für ihn wieder ein lebensgefährliches Abenteuer, denn inzwischen werden er, *Varnhagen* und ein weiterer Verschwörer, *Wilhelm von Willisen*, von den Franzosen steckbrieflich verfolgt.

Ende Juli bricht er von Prag auf. Die deutsche Ostseeküste ist gesperrt. Also muß Pfuel über Dänemark und Schweden fliehen. Lentzke und Nennhausen liegen zwar nahe am Wege, aber in Nennhausen ist französische Einquartierung. Sich dort zu zeigen, hätte Verhaftung und Tod bedeutet. Er übernachtet in Altona, das dänisch ist. Der französische Kommandant Hamburgs, *Graf d'Aubignosc,* will ihn verhaften, muß ihn aber weiter nach Dänemark reisen lassen, weil sein Paß in Ordnung ist. Nun sieht es die dänische Regierung – Dänemark ist auf französischer Seite – in Kopenhagen auf ihn ab. Zweimal täglich hat der Wirt, bei dem er logiert, über ihn zu berichten. Der österreichische Gesandte *von Buol,* Freund aus Dresdner Zeit, soll ihm die Papiere für die Weiterreise nach Helsingör, von wo aus er den Sund nach Schweden überqueren will, beschaffen. Aber eines Morgens ist *Buol* plötzlich verstorben. Jetzt verhilft ihm der russische Gesandte zur Abreise nach Helsingör, die Pfuel, Harmlosigkeit vortäuschend, mit der Postkutsche antritt. Knapp vor seinen Verfolgern überlistet Pfuel den Hafenkapitän von Helsingör, der seine zweifelhaften Papiere erkennt, und heuert ein Boot an, in dem ihn zwei Leute zur schwedischen Küste rudern. „Fest entschlossen, hinüberzuschwimmen, falls er diese Möglichkeit nicht bekommen hätte", heroisiert *Varnhagen* in seinen „Denkwürdigkeiten des eigenen Lebens" die Schwimmkunst Pfuels.

Aus Karlshamm in Schweden bringt ihn ein englisches Bombenschiff nach Riga, von wo er unmittelbar weiter nach Petersburg reist, um dort dem *Freiherrn vom Stein* einen ausführlichen Bericht über die politischen Verhältnisse in den verschiedenen Teilen Deutschlands vorzulegen, den dieser dem Zaren vorträgt. Schon am 9. September tritt er in russische Dienste und nimmt den Namen *von Gielsdorf* an, so heißt das Gut seines Onkels im Pfulenland. Er will nicht mit dem bei der russischen Generalität – zu Unrecht – unbeliebten General *von Phull* verwechselt werden, dem der Zar den Plan, *Napoleon* in die Weite Rußlands und in die Kälte des Winters zu locken und ihn dann zu schlagen, verdankt.

In den Befreiungskriegen

Mit größter Schnelligkeit rückt Napoleons Grande Armée in Rußland vor. Im Juni ist die Memel überschritten, im Juli Wilna und Witebsk erobert, im August gibt der russische Feldherr *Kutusow* die brennende Stadt Smolensk nach einer unentschiedenen Schlacht auf, ebenso nimmt er im September nach der Schlacht bei Borodino seine Truppen zurück. Am 14. September zieht das französische Hauptheer mit 100.000 Mann in das verlassene Moskau ein. Vom 15. bis 20. September brennen neun Zehntel der überwiegend aus Holz gebauten Stadt. Nur 34 Tage bleibt *Napoleon,* bis er in der Erkenntnis, abgeschnitten zu sein, Moskau räumt. Hinter den Franzosen brennt der Kreml, brennen die noch erhaltenen Adelspaläste und Kaufmannshöfe.

Pfuel erreicht die Armee *Kutusows* im Oktober bei Kaluga südwestlich Moskaus. Am 24. Oktober ist er in der Schlacht bei Malo-Jaroslavetz als Kapitän der deutschen Legion dabei. Hier gelingt es den Russen, *Napoleons* zurückgehende Armee auf die verwüsteten Einmarschstraßen zurückzudrängen, „. . . und statt den Weg nach Gefallen zu wählen, mußte er auf der großen Straße ziehen, d.h. durch eine Wüste, die er sich selbst bereitet hatte", beschreibt Pfuel diesen ersten Sieg der Russen. Er selbst entgeht im Gefecht nur mit Not französischer Gefangenschaft.

Anfang November überfällt ein verfrühter Kälteeinbruch die Invasoren. Vom 26. bis 28. November bringt *Napoleon* nur noch einen Rest von 9.000 Mann seiner geschlagenen Armee

Rückzug

der

Franzosen.

(*Von Ernst von Pfuel.*)

Nebst

einer Liste

der

gefangenen Generale.

St. Petersburg

1813.

über das brüchige Eis der Beresina. Pfuel ist unter den flankierenden und verfolgenden Russen, erlebt die Kämpfe, die Verbrennung der Städte durch die fliehenden Eroberer, den Verfall von Disziplin und Kampfkraft des Feindes in Hunger und eisigem Frost. Mit der Spitze der Kosaken trifft er in den ersten Dezembertagen in Wilna nahe der preußischen Grenze ein. In dieser Stadt, die von den Russen unzerstört wiedererobert werden kann, hat sich die Grande Armée, von ihrem Feldherrn verlassen, völlig aufgelöst. Als am 10. Dezember morgens der Schreckensruf „Kosak" erschallt, die Soldaten aus den Häusern laufen und nach den Toren flüchten, „fiel die Bevölkerung über sie her und erschlug, wen sie konnte". Mangels medizinischer Vorsorge und Pflege waren zuvor „in den Lazarethen der Stadt Wilna bis zum Einzuge der Russen über 20.000 französische Soldaten gestorben, deren noch 7.000 in der Stadt in Hügeln aufgeschichtet waren, in Hügeln, die sich selbst gebildet hatten, dadurch, daß man die Leichname aus den Fenstern der Krankenstuben warf und auf dem Hofe liegenließ". Pfuel berichtet weiter: „So Grauenhaftes, wie mir in Wilna zu Gesicht gekommen, werde ich schwerlich jemals wieder erleben. In meinem Quartier knarrten die Fensterladen, und der Wind schnob eisig herein. Ich bedeutete den Wirth, den Uebelstand abzustellen, was auch geschah. Als ich am nächsten Morgen die Fensterladen öffnete, fand ich, daß der Wirth als Fensterstützen und Ladenhüter steifgefrorene Grenadiere der alten Garde verwendet hatte."

Durch das Erlebte ebenso erschüttert wie siegesgewiß, verfaßt Pfuel in Wilna seine Schrift „Der Rückzug der Franzosen" – die erste Fassung ist in französischer Sprache geschrieben. *Freiherr vom Stein,* nach Wilna gekommen, überbringt sie dem *Zaren Alexander.* Er nutzt dieses Dokument des russischen Sieges aus deutscher Feder, um den Herrscher zur Fortsetzung des Krieges und zu weiterer Verfolgung der Franzosen zu bewegen. Am 28. Dezember wird Pfuel vom Zaren zum Major befördert, der ihm als „Zeichen der Huld" eine goldene Uhrenkette übersenden läßt. Am 30. Dezember gehen mit der Konvention des *Grafen Yorck* in Tauroggen die preußischen Hilfstruppen *Napoleons* zu den Russen über. Pfuel dringt mit der in Kosakenuni-

Russische Reiter und preußischer Landsturm Anfang März 1813 vor den Türmen Berlins. Ein Zeitgenosse schrieb: „Mir stehen noch lange Züge von Kosaken und Baschkiren lebendig vor Augen, welche die Friedrichstraße vom Oranienburger Tor herabmaschierten. Fast an jeden Steigbügel hingen sich ein paar Jungs, neben jedem Sattel marschierten als Seitentrabanten Berliner Bürger mit lautem Jubelgeschrei. Sie drückten den Reitern die Hände, zogen sie halb herab, um sie zu küssen, und unablässig gingen die gefüllten Flaschen mit Branntwein und Bier von einer Hand in die andere. Daß die Bewohner der asiatischen Steppe nicht in der strengsten militärischen Haltung und Subordination in die Hauptstadt einrückten, läßt sich bgreifen."

form kämpfenden „Russisch-Deutschen Legion" des ebenfalls aus österreichischen in russische Dienste übergewechselten Oberst *von Tettenborn* im Januar in Ostpreußen ein. Im Gepäck den druckfertigen deutschen Text des inzwischen überarbeiteten „Rückzug der Franzosen bis zum Niemen".

Für seine Familie war er nach wie vor verschollen. Seine Frau *Karoline* lebte in Lentzke, von wo aus sie gelegentlich nach Berlin kam. Im Oktober 1812 wandte sie sich an *Varnhagen*, er möchte Post an ihren Mann vermitteln, von dem sie nicht wisse, wo er sei und ob er noch lebe.

Am 20. Februar 1813 wagen die Kommandeure *Tschernitscheff, Tettenborn* und *Benkendorff* einen Einfall in das von 10.000 Mann französischer Truppen besetzte Berlin. Pfuel führt die Kosaken, die durch das Schönhauser Tor eindringen, die französische Wache überwältigen und in der Stadt herumgaloppieren. Dies geschieht am hellen Mittag. Um 5 Uhr abends sind die Reiter wieder draußen. Der Kosakenspuk ist zwar militärisch sinnlos – auf die Stimmung der Berliner wirkt er ermutigend, bis die Besatzung am 4. März endlich abrückt.

Jetzt kann Pfuel sein Manuskript in Berlin in Druck geben. Die Schilderung der napoleonischen Niederlage in Tausenden von Exemplaren soll helfen, das niedergeschlagene preußische und deutsche Selbstbewußtsein aufzurichten, und trägt als propagandistisches und literarisches Zeugnis gegen die Unüberwindbarkeit des Korsen zu der bevorstehenden Erhebung bei.

Pfuel hält sich nur wenige Tage in Berlin auf. Er sieht bei *Rahel* herein. *Varnhagen* bewundert seine „köstliche, sachenreiche, wortklare Schreibart, von seltener Anmuth durchdrungen .. ... liest sich wie die lebhafteste dichterische Darstellung, und ist doch streng und gründlich ohne Überfluß". Am 17. März hat König *Friedrich Wilhelm III.* von Breslau aus den Aufruf „An mein Volk" ergehen lassen. Am 18. März haben die Kosaken *Tettenborns* Hamburg von der französischen Besatzung befreit. Pfuel ist dessen Generalstabschef. Er ist „eine Art Generalstab

Germania

an ihre Kinder

von

Heinrich von Kleist.

Diese Ode war vom Verfasser beim Ausbruche des Krieges 1809 gedichtet worden, zufällige Umstände verhinderten damals den Druck. Im gegenwärtigen Moment wird ihre Herausgabe dem Publikum nicht weniger passend erscheinen.

Die des Brockens Fels=Regionen,
Die der Elbe heitre Auen,
Die der Donau Strand bewohnen,
Die das Oderthal bebauen,
Aus des Rheines Traubensitzen
Von dem duft'gen Mittelmeer,
Von der Alpen Riesenspitzen,
Von der Ost = und Nordsee her!

Chor.

Horchet durch die Nacht, ihr Brüder!
Welcher Donnerruf hernieder?
Stehst du auf Germania?
Ist der Tag der Rache da?

Im Rausch des Befreiungskampfes gibt Pfuel seines Freundes *Kleist* nachgelassenes Gedicht *Germania an ihre Kinder* heraus.

in einer Person, ... arbeitet mit angestrengtem Fleiße, nichts zieht ihn ab", berichtet *Varnhagen* seiner *Rahel* Ende März nach Berlin. Von dort war er soeben in *Tettenborns* Hauptquartier eingetroffen, stolz auf die blaue Kosakenuniform, die er nun ebenso wie sein Freund Ernst von Pfuel trug.

Die militärische Kraft der Franzosen in Mittel- und Norddeutschland ist jedoch ungebrochen. Sie verfügen wieder über 440.000 Mann, nicht nur französischer Truppen, sondern auch deutscher Rheinbundsoldaten, Holländer, Flamen, Schweizer, mit 1.200 Kanonen. Im Norden stehen ihnen 121.000 Russen, Preußen und Schweden der „Nordarmee" mit nur 291 Geschützen gegenüber, die von der russisch-deutschen und der englisch-deutschen Legion und Freischaren, wie dem Lützowschen Korps, unterstützt werden.

In der Schlacht bei Großgörschen am 2. Mai 1813 widerstehen *Yorck* und *Blücher* den Franzosen, aber in der Nacht auf den 30. Mai müssen *Tettenborn* und Pfuel Hamburg vor Marschall *Davoût* räumen. Der Kleinkrieg der Nordarmee soll den Marschall durch bewegliche Manöver an der Vereinigung mit den Truppen *Napoleons* hindern, der gegen Österreicher und Preußen in Sachsen die Entscheidungsschlacht sucht, die schließlich im Oktober bei Leipzig geschlagen wird und als „Völkerschlacht" in die Geschichte eingegangen ist.

Die bewegliche Kriegsführung der Alliierten in Norddeutschland ist trotz Rückschlägen schließlich erfolgreich. *Theodor Körner,* von dessen Dichtkunst die freiheitlich engagierte Jugend Großes erwartete, fällt als Lützowscher Jäger am 26. August bei Wöbbelin, nahe Ludwigslust in Mecklenburg. Ein Zufall führt Pfuel in dem Augenblick vorbei, als seine Kameraden ihn bestatten.

Im September verdankt General *Tettenborn* seinen Erfolg in der Schlacht in der Göhrde – einem Waldgebiet zwischen Dannenberg und Lüneburg, Jagdrevier der Könige von Hannover – den Dispositionen Pfuels. Hier fällt bei einem Sturm auf eine französische Batterie die einundzwanzigjährige *Eleonore Prochaska* aus Potsdam, die als Frau unerkannt unter dem Namen *August Renz* bei den Lützowern gekämpft hatte. Pfuel berichtete über ihren Tod an den König. Die Propaganda der Freiheitskriege macht aus ihr eine deutsche Jeanne d'Arc.

Der Sieg an der Göhrde wird durch Pfuel rasch zur Einnahme Bremens genutzt und sogleich auch zur Plünderung der Stadt. Das von den Franzosen aus Hamburg nach Bremen überführte Gold der Banken, die französischen Magazine und Schiffsladungen stärken nicht nur den Kriegsschatz des Tettenbornschen Korps. Wo nicht Gold und Silber auch in die Hände der Kosaken und Kosakenoffiziere gelangen, ist es, mit Genehmigung *Tettenborns*, Wein aus dem Ratskeller : 25 Flaschen eines 1624er Rüdesheimer gehen an Oberstleutnant von Pfuel, und *Varnhagens* Existenz wird materiell durch 200 Louis d'Or Anteil an der Beute gesichert. Die auf mehr als 2 Millionen Taler geschätzte Kriegsbeute läßt *Tettenborn* auf 200 vierspännigen Bauernwagen nach Mecklenburg in Sicherheit bringen. Sie wird eine dringend nötige Stütze der alliierten Kriegsführung. Schon nach drei Tagen muß Bremen jedoch wieder geräumt werden.

Der „Salon" nimmt auf seine Weise Anteil am Geschehen: „Als *Tschernitscheff* in und bei Rathenau war, gab ihm eine bekannte Dame französische Verse und ein Rendezvous, welches er versäumte ; und über beides sich moquirte. Welches mich sehr verdroß von der Frau : nicht ihr Appetit – aber das Ungeschick, und das nun Fremde denken können, so seien unsere ersten Frauen, so ungeschickt, et sans grâce : und nichts Besseres!" Dies weiß *Rahel Levin,* als sie am 4. November 1813 aus Prag an *Varnhagen* in Bremen schreibt. Die Dame, um die es geht, ist *Caroline Fouqué. Rahels* Bruder, der Dichter *Ludwig Robert,* hat über *Carolines* Neigung zu *Tschernitscheff* ein französisches Spottgedicht verfaßt – aber eines will *Rahel* auf jeden Fall vermeiden : „Nur Pfuel nichts von der Vorgeschichte!!! Männer bleiben eifersüchtig und rächen sich. Frauen auch . . . Verschweigt die Rathenauer Geschichte. Wir sind Ihre Freunde . . .".

Offenbar ist *Caroline Fouqué* für Pfuel immer noch die „Kriegsgenossin" des Jahres 1810 – oder mehr. Denn fast gleichzeitig wie *Rahel* schreibt auch *Caroline* an *Varnhagen* ins Feld über Ernst Pfuel: „. . . Mein Urtheil über Pfuel wollen Sie wissen? In ihm ist eine gewisse milde Weisheit des Denkens, die das Widersprechende in der Erscheinung in einen n e g a t i v e n, durch die jedesmalige Individualität motivierten Zusammenhang bringt. Niemand fragt seltener als er, was ein Mensch sein s o l l oder k a n n, wenige empfinden so klar was jeder seiner Natur nach ist, daher die Indulgence und der geringe Enthusiasmus. . . Ohne Leidenschaft liebt er innig und ist treu in der Freundschaft wie auf Erden Wenige sind. Durch die äußere Erregbarkeit, die sich auch augenblicklich ä u ß e r l i c h mit Kraft und Verstandes-Nachdruck ausspricht, hat seine Mittheilung etwas Hinreißendes, er hat mehr als ein Frauenherz in diesen Banden unwiderstehlich und dauernd fortgerissen. – Dies die Definitiv-Züge eines liebenswürdigen und merkwürdigen Karakters, wie sie m e i n Urtheil begreift . . ."

Wie wenig die pikante Deutung der Geschwister *Rahel Levin* und *Ludwig Robert* zutrifft, zeigt der Fortgang von *Carolines* Brief an *Varnhagen.* Ihr geht es um Heldenverehrung und um Wissen über soldatische Begeisterungsfähigkeit und Führungseigenschaften. Sie erkundigt sich nach dessen Chef *Tettenborn:* „Noch ein Wort von Ihrem General. Ich brenne, ihn kennen zu lernen. Erzählen Sie mir von ihm, viel, ausführlich, ich kann nicht genug hören. Genialer als dieser *Tschernitscheff!* – anders, ja, aber nicht genialer, ich glaube es kaum, es sind so große Blitze in dem Menschen! Warum soll der Umfang des Unternehmungsgeistes in beiden als Feldherren nicht entscheiden! . . . Ich weiß nicht, warum ich neidisch über den Beifall bin, den Sie diesem *Tettenborn* geben! Könnte ich einmal, einmal nur das Bild eines großen Menschen außer mir sehen, wie ich es in mir trage!"

Nichts von der Rahelschen Pikanterie in der Geschichte! *Caroline* macht später *Tschernitscheff* zum Helden ihres Romans „Feodora". Ihr Brief an *Varnhagen* schließt: „Grüßen Sie Pfuel, sagen Sie mir etwas Näheres von *Marwitz,*" der verwundet zu

Rahel nach Prag gebracht worden war – vielleicht war *Alexander von der Marwitz* – in jenen Tagen noch innig mit *Rahel* befreundet – die Quelle des Geredes über *Caroline.*

Nachdem die Nordarmee ihren Auftrag, französische Kräfte zu binden, erfüllt hat, und als am 19. Oktober 1813 die „Völkerschlacht" bei Leipzig gewonnen ist, greift Kronprinz *Karl Johann von Schweden – Napoleons* ehemaliger Marschall *Bernadotte* – mit seinen Truppen, unterstützt vom Tettenbornschen Korps, im Januar 1814 das mit Frankreich verbündete Dänemark an. *Bernadotte* holt für Schweden den Anteil an der Kriegsbeute, das bis dahin dänische Norwegen, als Lohn für seinen Abfall von *Napoleon.*

Die Härte dieses Winterkrieges in Schleswig und Jütland schildert *Clemens Brentanos* Gedicht „Die Gottesmauer":
Drauß bei Schleswig vor der Pforte wohnen armer Leute viel,
Ach, des Feindes wilder Horde werden sie das erste Ziel.
Waffenstillstand ist gekündet, Dänen ziehen ab zu Nacht.
Russen, Schweden sind verbündet, brechen her mit wilder Macht.

Rosse wiehern, Wagen rasseln, ach, nun bricht der Feind herein.
„Eine Mauer um uns baue", singt das fromme Mütterlein.
Rings in allen Hütten brechen Schwed' und Russe mit Geschrei,
Lärmen, fluchen, drängen, zechen, doch dies Haus ziehn sie vorbei.

– – –

Und am Abend tobt der Winter, an das Fenster stürmt der Nord,
„Schließt den Laden, liebe Kinder!" spricht die Alte, und singt fort.
Aber mit den Flocken fliegen vier Kosakenpulke an,
Rings in allen Hütten liegen sechzig, auch wohl achtzig Mann.

– – –

Brentano verfaßte dieses Gedicht nach einem Bericht aus den „Hamburgischen Adreß-Comtoir-Nachrichten" und nach Schilderungen Pfuels, der den Winterfeldzug miterlebt hatte. Als er dieses Gedicht Anfang 1816 niederschrieb, kam er in Berlin häufig bei *Marie von Kleist,* der Cousine *Heinrich von Kleists,* mit Pfuel und anderen zusammen. In das beginnende Jahr 1816 gehört auch die Gründung der „Maikäferei", ein religiös-literarischer Zusammenschluß junger Männer, die sich beim Wirt Mai einmal in der Woche zum Abendessen trafen. Kern des Kränzchens waren die Brüder *Wilhelm, Leopold* und *Ludwig von Gerlach,* junge Männer um die Zwanzig, ferner der spätere Minister *von Alvensleben, Karl Friedrich Voß, Clemens Brentano* und in loserer Verbindung *Adolf von Thadden.* Das Gedicht „Eine Mauer um uns baue" schildert, wie eine alte Frau durch Gebete ihr Haus vor dem Kriegschaos schützt. Es war den Maikäfern ein Exempel „patriotisch-romantisch-genial-christlicher Poesie", wie *Ludwig von Gerlach* meinte, ebenso wie das deftige „Ein jeder bleib auf seiner Stell', der Rhein ist keine Gosse" –.

Am 1. Januar 1814 hat *Blücher* bei Kaub den Rhein überschritten. Die Operation im Norden ist beendet, nachdem Dänemark im Frieden von Kiel Norwegen an Schweden abgetreten hat. Mitte Februar bereits kämpft die russisch-deutsche Legion in Frankreich. Bei Château Thierry und Dormans werden französische Abteilungen unter Pfuels Führung geschlagen. Er nennt sich inzwischen nicht mehr *Gielsdorf,* sondern hat seinen eigenen Namen wieder angenommen. Obwohl nicht bereit, aus der russisch-deutschen Legion in die russische Armee überzutreten, erhält er nach der Eroberung von Paris den russischen Annenorden, später, Ende 1814, den preußischen Orden Pour le mérite.

Im April und Mai weilt auch der *Freiherr vom Stein* in Paris und zieht Pfuel zu militärischer Beratung zu sich. *Varnhagen,* ebenfalls in Paris, bekommt von ihm den Rat, mit Pfuel, *Clausewitz* und anderen nach Preußen zurückzukehren und, weil er gut schreiben könne, ins Fach der Auswärtigen Angelegenheiten zu gehen. Am 10. Dezember 1814 schließlich tritt Pfuel in preußische Dienste zurück und wird dem Generalleutnant *Graf Kleist von Nollendorf,* Chef der preußischen „Armee vom Niederrhein", zugewiesen, dessen Hauptquartier in Aachen ist.

Die Entscheidung der Schlacht bei Belle-Alliance fiel am 18. Juni abends nach wechselvollen Kämpfen um das Dorf Plancenoit, wo die Französische Garde (links) den preußischen Vormarsch schließlich nicht mehr aufhalten konnte. Noch heute befindet sich in Plancenoit ein preußisches Denkmal aus Eisenguß.

Kommandant des preußischen Sektors von Paris

Am 1. März 1815 hat *Napoleon* die Insel Elba verlassen und landet bei Cannes. Festlichkeiten und diplomatischer Streit des Wiener Kongresses nehmen ein jähes Ende. Am 13. März ächtet der Wiener Kongreß *Napoleon* als „Feind und Störer des Weltfriedens". Eine Woche danach zieht der Kaiser wieder in Paris ein. König *Ludwig XVIII.* hat bei Nacht und Nebel die Tuilerien verlassen. Der preußische König erläßt einen zweiten Aufruf „An mein Volk" aus Wien. 500.000 Soldaten der verbündeten Heere treten wieder gegen Frankreich an: am Oberrhein österreichische und süddeutsche, am Mittelrhein russische, in Belgien preußische Truppen unter *Blücher* und englische unter *Wellington.* *Napoleon* droht, sie mit 2 Millionen Bajonetten zu empfangen. Die Verbündeten lehnen jede Verhandlung ab.

Napoleon marschiert nach Norden gegen die Engländer und die Rheinarmee. In seinem Tagesbefehl feuert er an: „Soldaten! Bei Jena ward ihr gegen dieselben, jetzt so anmaßenden Preußen – einer gegen zwei . . ." und über die ihm einst dienstbaren Rheinbund-Truppen bemerkt er: „Die Sachsen, die Belgier, die Hannoveraner, die Soldaten des Rheinbundes seufzen darüber, daß sie gezwungen sind, ihren Arm der Sache solcher Fürsten leihen zu müssen, welche Feinde der Gerechtigkeit und der Rechte aller Völker sind . . ."

Die Preußen sind siegesgewiß. Am 1. Mai schreibt *Ludwig von Gerlach* aus Lüttich an seine Mutter: „Sie redeten von Frankreich, besonders Pfuel wollte es teilen, ... eher hätten wir keine Ruhe." Doch *Gerlach*, der die „wahren, gesunden, einfachen Ansichten" Pfuels sonst schätzt, findet, daß dieser Gedanke aus keinem guten Geist käme.

Am 2. Mai meutern in Lüttich 18.000 sächsische Soldaten, fast die Hälfte des II. preußischen Armeekorps unter General *von Borstell*. Den Grund zur Meuterei hatte der Wiener Kongreß mit dem Beschluß zur Teilung Sachsens gegeben. Der preußische König *Friedrich Wilhelm III.* hatte aus Wien am 22. April 1815 aufgetragen, die sächsischen Truppen nach denjenigen Provinzen einzuteilen, „die künftig zu dem preußischen Anteil gehören werden, wogegen die II. Brigade aus denjenigen Regimentern zu bilden ist, die unter der Regierung des Königs von Sachsen bleiben". Schon im August 1814 hatten sächsische Offiziere sich geweigert, bei einer militärischen Feier auf das Wohl des preußischen Königs zu trinken. Nur wenige stimmten in das „Lebe hoch" ein, viele gossen ihre Gäser verächtlich auf die Teller oder unter den Tisch.

Der Tumult der sächsischen Soldaten zwingt *Blücher* und seinen Stab, das Hauptquartier durch eine Hintertür zu verlassen und aus Lüttich zu fliehen. Pfuel reitet in die Stadt zurück, begegnet dort dem abmarschierenden sächsischen Gardebataillon, einzelne Grenadiere richten Schimpfreden und Drohungen gegen ihn, so daß er seine „Pistole zur Hand nahm". Er schildert weiter, daß er „in *Blüchers* Quartier Fenster eingeschlagen, *Gneisenaus* Wohnung verwüstet" gefunden habe.

Der harte Spruch des Feldmarschalls *Blücher* lautet: „Die drei sächsischen Bataillons, welche die Besatzung des Hauptquartiers in Lüttich bildeten, werden wegen Meuterei, offenen Aufruhrs und verübten tätlichen Vergehens gegen die Person des Oberbefehlshabers und der Offiziere seines Generalstabes und Ungehorsams gegen ihre eigenen Offiziere entwaffnet, ihre Fahne wird verbrannt, die Rädelsführer erschossen, und sollte die Auslieferung derselben nicht erfolgen, die entwaffnete Mannschaft decimirt." *Borstell* weigert sich, den Befehl *Blüchers*, die Fahnen der Bataillone zu verbrennen, auszuführen. Er wird in Arrest geschickt, vor ein Kriegsgericht gestellt und zu vierjähriger Festungsstrafe verurteilt, nach einigen Monaten jedoch begnadigt.

Die Dezimierung wird Pfuel übertragen. Von der Sinnlosigkeit und Brutalität der Maßnahme, also der Auswahl jedes Zehnten zum Tod durch Erschießen, bewegt, gelingt es ihm, die entwaffneten sächsischen Soldaten zu überzeugen: Nachdem einer der Rädelsführer den Mut hat, vorzutreten und zu bekennen, und noch sechs weitere Grenadiere als Anstifter bezeichnet sind, wird jede weitere Nachforschung unterlassen. Die Dezimierung ist verhindert. Nach Pfuels Tod, mehr als ein halbes Jahrhundert später, erinnert 1866 „Die Gartenlaube" an seine Fairneß bei der Lösung dieser unglückseligen Aufgabe.

Anderthalb Monate nach dem Sachsenaufstand, am Vorabend der Schlachten von Ligny und Belle-Alliance, versucht *Blücher,* seine Operationen mit denen *Wellingtons* zu koordinieren. Er schickt am 15. Juni abends den Oberst von Pfuel nach Brüssel. Der hat es dort schwer, an den Herzog zu gelangen. Schließlich findet er ihn nach zehn Uhr abends auf einem glänzenden Ball, den die *Herzogin von Richmond* ihm zu Ehren veranstaltet hat, „von einer undurchdringlichen Sternenschanze schöner Damen umringt". Pfuel müht sich durch das Ballgewoge, trägt gemeinsam mit dem preußischen Verbindungsoffizier, *Freiherr von Müffling,* dem Herzog die Sorge des preußischen Feldmarschalls vor. *Wellington* aber versichert ihm mit der größten Seelenruhe, daß *Blücher* im Irrtum sei, wenn er meine, daß *Napoleon* den ersten Angriff auf die Preußen machen werde. „Ich bin von allem wohl unterrichtet. . . . Sagen Sie dem Feldmarschall *Blücher,* der *Herzog von Wellington* wird 22 Stunden nach dem ersten Kanonenschusse seine Armee nach den eintretenden Umständen bei Quatrebras oder Nivelles concentrirt haben."

Am 16. Juni abends hat *Napoleon Blücher* bei Ligny geschlagen. Um sich *Wellington* zuzuwenden, verzichtete er jedoch auf die Verfolgung der Preußen und gibt ihnen dadurch die Chance, sich wieder zu ordnen und in Richtung Brüssel zu marschieren. Zwei Tage darauf greift er von Belle-Alliance aus *Wellington* an. Als er am späten Nachmittag den Sieg fast schon in der Hand hat, erscheinen die Preußen auf dem Schlachtfeld.

Pfuel, der als Generalstabschef *Gneisenaus* am Abend zuvor den preußischen Angriffsplan mit ausgearbeitet hatte, leitet die Vorhut, die auf den rechten französischen Flügel zumarschiert. Durch eine List, das zu frühzeitige Abfeuern der Kanonen aus zu großer Entfernung und das Trommeln der Tambours, obwohl die Infanteriekolonnen noch gar nicht zur Stelle sind, werden die Franzosen über Nähe und Stärke der Preußen getäuscht. Um sieben Uhr abends greift die preußische Armee an und entscheidet die Schlacht.

In der Dunkelheit treffen sich *Blücher* und *Wellington* bei Belle-Alliance. *Gneisenau,* Pfuel und andere Offiziere des Blücherschen Hauptquartiers geben Anordnung zur Verfolgung im hellen Mondlicht der Sommernacht. Um ein Haar wäre *Napoleon* gefangen worden. Sein prachtvoller, mit sechs Pferden bespannter Reisewagen, Gold, Silber, Diamanten, die Kriegskasse, aber auch Persönliches, wie sein Schreibzeug, Hut, Degen, Pistole, Orden, fallen den Preußen in die Hand.

Von *Varnhagen* wissen wir, daß der Schlachtbericht, der am 4. Juli 1815 in Berlin eintraf – die erste Nachricht war vom 23. Juni –, von Pfuel verfaßt ist. „Als nach dem Gewinne der Schlachten alles nun zur Verfolgung des Feindes drängte, war an die Notwendigkeit erinnert worden, von dem großen Kampfe auch einen raschen Bericht abzufassen. Der Oberst von Pfuel setzte sich eiligst an die Arbeit. Aber während er schrieb, ritt *Blücher* fort, alle Generale folgten, und *Gneisenau* wollte gleichfalls eben zu Pferde steigen, da hielt Pfuel ihm das noch nasse Blatt zur Unterschrift hin, die dann auch nach einigen Bedenken, ob auch die Sache zulässig, rasch gegeben wurde. *Gneisenau* und Pfuel sprengten sodann dem Feinde nach, das Blatt ging rückwärts zu den Freunden." Und über den Stil des Berichtes, den *Varnhagen,* um ihn vorzulesen, an jenem 4. Juli aus der Hand des

Staatskanzlers *Hardenberg* erhielt, sagt dieser: „Der Eindruck war sehr wunderbar. Die Hörer empfingen statt gewöhnlicher auf Zahl und Maß begründeter Angaben eine Reihe lebhafter Bilder, welche den Wechsel der Ereignisse den Sinnen vorführten. Man fühlte sich aufgeregt und fortgerissen." Lesen wir hier einige Zeilen aus Pfuels Bericht:

„Der Feind verlor die Besonnenheit nicht. Er wandte auf der Stelle seine Reserven gegen uns, und es begann ein mörderischer Kampf. . . . Die Franzosen fochten wie Verzweifelte; allmählich bemerkte man jedoch Unsicherheit in ihren Bewegungen und sah, wie mehreres Geschütz schon abgefahren ward. In diesem Augenblicke erschienen die ersten Kolonnen vom General *Zieten* in des Feindes rechter Flanke und schritten sogleich frisch ans Werk. Jetzt war's um den Feind geschehen. Von drei Seiten ward sein rechter Flügel bestürmt; im Sturmschritt und unter Trommelschlag ging's von allen Seiten auf ihn ein, indem zugleich die ganze britische Linie sich vorwärts in Bewegung setzte." – Dies war die Wende der Schlacht.

„Um drei Uhr Nachmittags hatte *Napoleon* einen Courier nach Paris vom Schlachtfelde mit der Nachricht abgefertigt, daß der Sieg nicht mehr zweifelhaft sei; einige Stunden später hatte er keine Armee mehr. Eine genaue Kenntniß des feindlichen Verlustes hat man noch nicht; es ist genug, wenn man weiß, daß zwei Drittheile der Armee erschlagen, verwundet oder gefangen worden . . ., und daß bis jetzt schon 300 Geschütze und über 500 Pulverwagen in unseren Händen sind. . . ." Für seine Umsicht und Entschlossenheit in der Schlacht verlieh *Friedrich Wilhelm III.* Pfuel das Eiserne Kreuz.

Am 21. Juni trifft *Napoleon* in Paris ein, muß es am 25. wieder verlassen. Vier Tage später besetzen die Alliierten die Stadt. „Dem preußischen Heere widerfuhr die Auszeichnung, daß Paris den Generalmajor *von Müffling* zum Gouverneur, den Obersten E. v. Pfuel zum Commandanten über die sechs Mairien des linken Seine-Ufers erhielt", berichtet *Friedrich Förster*, Kriegsteilnehmer, Historiker und Romancier. „Zum Kommandanten des rechten Seineufers wurde der englische Oberst *Barnard* ernannt, welcher indeß, da der Herzog *Wellington* keine Truppen seines Heeres in Paris zu lassen wagte, nur einen beschränkten Wirkungskreis hatte, so daß dem preußischen Kommandanten die Bewachung der auf dem rechten Ufer gelegenen wichtigsten Gebäude, Plätze und Brücken ebenfalls übertragen wurde."

Einen feierlichen Einzug in Paris mit Parade hatte *Blücher* abgelehnt. Er weigerte sich auch, sein Hauptquartier in der Stadt aufzuschlagen, und blieb vielmehr draußen im kaiserlichen Schloß St. Cloud, während *Wellington* in der Stadt residierte.

Die Besetzung der französischen Hauptstadt stand unter dem merkwürdigen Zeichen, daß sie zugleich eine Befreiung war: *Ludwig XVIII.* sollte von den drei Monarchen der Heiligen Allianz wieder in seine Königsrechte eingesetzt werden, aber die Pariser Bevölkerung – im Grunde nach wie vor napoleonisch gesinnt – wollte sich nur wenig befreit fühlen. „In den nächsten Tagen wurde für angemessene Unterbringung der Truppen bei den Hausbesitzern gesorgt, was den Parisern, denen selbst der Kaiser nicht die Last der Einquartierung jemals aufgelegt hatte, sehr störend erschien." Hauptaufgabe der Kommandanten war, ihre ausgehungerten, erschöpften und – was für die Preußen galt – in der Erinnerung an frühere französische Besetzung des eigenen Landes auch verärgerten Truppen in Ruhe zu halten und es nicht zu Ausschreitungen kommen zu lassen; von fast gleichem Gewicht war aber auch die Vorsorge zur Rückführung der unter *Napoleon* aus ganz Europa zusammengeraubten Kunstschätze.

Das erstere ließ sich mit militärischer Strenge und gutem Essen bewirken, berichtet *Förster:* „Nach der Vorschrift zur Verpflegung bestand die tägliche Portion aus zwei Pfund Brod von Weizen- oder Roggenmehl, einem Pfund frischen Fleisch, einer Unze Salz, drei Unzen Reis, oder an dessen Stelle Bohnen, Linsen oder anderen Hülsenfrüchten zu sechs Unzen, drei Unzen Butter oder drei Unzen Speck, einem Liter Bier oder einem halben Liter Wein, einem Deciliter oder einem Poisson Branntwein, einer Unze Rauchtaback."

„Der große Eindruck, den die prächtige Hauptstadt, das ungeheure Leben auf den Straßen und die bunte Mischung von Franzosen, Engländern und Preußen, wozu nun bald noch Russen, Österreicher etc. kommen werden, macht, ist gar nicht zu beschreiben. Eklig ist nur die Verworfenheit dieses Volkes, die nun *Ludwig XVIII.* wieder mit ebendem Jubel empfangen, wie vor drei Monaten Bonaparten", schrieb *Ludwig Gerlach* seiner Mutter. Jahrzehnte später korrigierte er seine Aufzeichnungen: „Die Möglichkeit, daß diese Jubelnden nicht immer dieselben Individuen waren, scheint meinem Scharfsinn entgangen zu sein." Gespaltene Gemüter der Pariser, auch *Varnhagen* berichtet darüber, Aversion gegen die Besatzung, besonders gegen die Preußen. Auch das Verhältnis der Alliierten zueinander ist nicht das beste: *Wellington* ist den Preußen zu franzosenfreundlich, Österreich oder vielmehr *Metternich* schwankend und der *Zar Alexander* unsicher.

Wellington macht *Blücher* die zerstreute Unterbringung seiner Soldaten in der Stadt zum Vorwurf, hält sie für gefährlich. Straßenaufläufe arten zu Aggressionen gegen preußische Patrouillen aus – Pfuel läßt zur Einschüchterung ein paar Kanonen auffahren, als es am Pont Neuf gefährlicher wird. Man beruhigt sich, das Schlimmste ist eine drohende Prügelei zwischen Offizieren und Bürgern im Café de la Rotonde des Palais Royal.

Am 15. Juli trifft *Varnhagen* in Paris ein, schreibt schon einen Tag später an *Rahel,* daß sein erster Besuch bei Pfuel im Hotel Lafitte gewesen sei, mittags habe man im Rocher de Cancale gespeist. Wie mag sich dort Pfuel an den Abend mit *Kleist* und den *Werdecks* im Jahre 1803 erinnert haben? Immer zahlreicher kamen die preußischen Freunde vom Heer und aus der Heimat in Paris an.

Läßt sich mit militärischen Mitteln die Ordnung in der Stadt aufrecht erhalten, auch wenn es einige Zwischenfälle gibt, so ist die Rückführung der Kunstschätze eine Aufgabe, die gegenüber den Parisern Diplomatie wie Standhaftigkeit erfordert. Die Franzosen sind nicht bereit, geraubte Kunst herauszugeben. Der Direktor des Louvre, *François Denon*, entwickelt größtes Geschick, die Magazine seines Museums verschlossen zu halten. Raffiniert nutzt er die gespaltene Meinung im Lager der Alliierten, ob man wirklich alles nach Deutschland, Italien, dem Vatikan, Österreich, den Niederlanden und Spanien wieder zurückbringen solle, aus. *Friedrich von Gentz* bezeichnet den preußischen Rückgewinnungseifer als Vandalismus, und während *Blücher* nach den genauen Herkunftslisten des Louvre zugreifen läßt, versucht *Wellington* die Rückgabe zunächst durch Verhandeln zu erreichen, muß dann aber doch die Kunstwerke seiner niederländischen Verbündeten mit Waffengewalt aus dem Louvre holen. „Vor jedem Gemälde, das er in Anspruch nimmt, steht ein englischer Posten", erzählt *Ludwig von Gerlach.*

Aus Berlin und Potsdam sind die „Direktoren und Konservatoren der Bibliotheken, Bildergalerien, der Antikensammlungen, der Sammlungen geschnittener Steine, Münzen, Medaillen, Waffen und Kuriositäten eingetroffen. Bis ins kleinste suchten sie nach", erfahren wir von *Förster*. „Einem rheinländischen Freiwilligen, der die Universität nicht längst verlassen und genaue Kenntnis von dem hatte, was die Franzosen aus Deutschland und den Niederlanden an Kunstsachen entführten", dem Leutnant *de Grote,* wird der Auftrag gegeben, rheinisches Kunstgut zu ermitteln. Der italienische Bildhauer *Canova* hat vom Papst die Vollmacht, vatikanische Schätze aufzuspüren.

Die Besatzung befürchtet einen Aufstand der Pariser, als es zur Demontage der venezianischen Rosse – seit Jahrhunderten Zierde des Markusdoms – vom Triumphbogen an den Tuilerien kommen soll. Die Garde *Ludwigs XVIII.* rückt aus dem Schloß, das aufgebrachte Volk erscheint. Die bronzenen Rosse, ergänzt durch einen Triumphwagen und eine Viktoria nach dem Vorbild der Siegesgöttin des Brandenburger Tors in Berlin, sind in Paris Symbol geworden. In Nachtarbeit holen britische Marinehandwerker, geschützt von vier Bataillonen österreichischer Grenadiere, das Gespann herunter. Eine Groteske schließt sich morgens an. *Förster* beschreibt: „Auf der Plattform des Triumphbogens, welche noch von den englischen Rothröcken besetzt war, erschien ein Mann, auffallend durch Tracht und Gebehrde. Er trug eine schwarze Kutka, Hals und Brust entblößt, nur durch einen weißen Hemdkragen und breitherabwallenden Bart bedeckt; auch von seinem Haupte wallte langes Haar bis auf die Schultern herab. Die Pariser durften ihn für einen Sohn der Wildniß halten, so rauh war der Ton seiner Stimme, so gewagt und gewaltsam sein Sprung auf den Wagen neben der Göttin des Sieges und Ruhmes, die man, als französisches Eigenthum, an Ort und Stelle belassen hatte. Dieser kühne Springer war *Friedrich Ludwig Jahn,* der bekannte Turnmeister, Premier-Lieutnant im Lützow'schen Freikorps, welchen der Fürst Staatskanzler *Hardenberg* ausdrücklich nach Paris eingeladen hatte, und ihn oft zur Tafel zog, da, wie er einst äußerte, ‚das grobkörnige Hallorensalz des Volksthümlers zur Abwechslung eine gesundere Würze sei, als das attische Salz *Humboldts, Staegemanns, Koreffs, Varnhagens* und anderer seiner Tischgenossen'". Der Mummenschanz auf dem Triumphbogen endet, als der Turnvater einen vergoldeten französischen Wappenadler, von Engländern und Engländerinnen, die ihm gefolgt waren, losgebrochen, den österreichischen Wachen mit der Bemerkung überreicht, daß der zweiköpfige habsburgische Adler sich mit dem einköpfigen französischen Kuckuck nimmer hätte paaren sollen – eine Anspielung auf die Verheiratung der österreichischen Erzherzogin *Marie-Louise* mit *Napoleon.*

Die Besetzung von Paris dauerte nicht lange. Im August 1815 wurde *Napoleon* nach St. Helena gebracht. Ende Oktober verließen die alliierten Truppen die französische Hauptstadt. In kleineren Grenzgebieten Frankreichs blieben unter dem Oberbefehl *Wellingtons* noch 150.000 Mann Besatzung, davon 28.000 Preußen, bis in das Jahr 1818.

Mitte Dezember 1815 hatte *Friedrich Wilhelm III.* Pfuel als Verbindungsoffizier für den *Herzog von Wellington,* als Nachfolger *Müfflings,* bestimmt, berief ihn jedoch schon im Februar

1816 als Lehrer an die Ecole Militaire, die Kriegsschule, an der Pfuel einst gelernt hatte, nach Berlin zurück. Pfuel bekam so wieder Gelegenheit zu militärhistorischem Schreiben. Er veröffentlichte im „Berliner historisch-genealogischen Kalender für 1817" eine Darstellung der Feldzüge von 1813 bis 1815 und hielt Vorträge, die später unter dem Titel „Ansichten der Kriegsführung im Geiste der Zeit" herausgegeben wurden. Außerdem beschäftigte er sich wieder mit der Verbreitung gymnastischer Übungen, besonders dem Schwimmen. Die Gründung der Schwimmanstalt an der oberen Spree fällt in diese Zeit.

Er, der seiner Cousine *Caroline Fouqué* „unstet, heftig, ruhelos erscheint, für den es deshalb kein Familienglück gebe", lebt nach dem Vagabundieren im Krieg nun wieder bei seiner Familie. Vier Kinder haben *Karoline* und Ernst, als sie 1818 nach Koblenz umziehen. 1819 wird das fünfte geboren.

Varnhagen ist in den Jahren 1816 bis 1819 preußischer Geschäftsträger am badischen Hof. Seine Verbindung zu Pfuel ist in dieser Zeit lockerer. Als *Varnhagen* im Oktober 1819, wegen „liberaler Umtriebe" von seinem Posten abberufen, nach Berlin zurückkehrt, eröffnet *Rahel* wieder ihren Salon. Obwohl die Familie von Pfuel nun in Koblenz lebt, verdichten sich die Beziehungen zu *Varnhagens*. Ernst von Pfuel ist häufig in Berlin in militärischen Angelegenheiten, kommt auch gelegentlich auf Reisen nach Jahnsfelde durch die Stadt. So finden wir ihn nun öfter in *Rahels* Salon. Er wird dort als Offizier empfunden, der durch Bildung, Natürlichkeit des Ausdrucks, sein gediegenes Französisch gesellige Eigenschaften aufweist, die, wie *Varnhagen* meint, einem preußischen Offizier im allgemeinen nicht geläufig sind.

Die Versetzung nach Koblenz hatte Pfuel wieder in den praktischen Militärdienst gebracht. Er wurde Chef des Generalstabs des VIII. Armeekorps. Von hier ist zu berichten: seine Ernennung zum Generalmajor 1825, Gedankenaustausch mit dem „Großen Generalstab" in Berlin, dem seit 1821 *Müffling* vorstand, und – die Gründung einer Schwimmschule im Rhein. 1826 wird er nach Magdeburg versetzt und zum Kommandeur der VII. Landwehrbrigade ernannt. Der Übergang von den „Linientruppen", bei denen seit 1819, dem Sieg der Restauration, der Drill wieder einzog, zur Landwehr, in der noch der liberale Geist der Befreiungskriege wehte, wird für ihn befriedigend gewesen sein. Die Landwehr war neben dem stehenden Heer ein zweiter Armeekörper, der sich großenteils aus Reservisten bildete. Sie hatte einen Hauch von echter Volksarmee, in der beispielsweise Offiziere nicht nur ernannt, sondern auch gewählt werden konnten, in der das liberale Bürgertum einen Zugang zu Staat und und Staatsverteidigung sah. Ende 1828 wird Pfuel Mitglied der „Kommission für die Prüfung militärisch-wissenschaftlicher und technischer Gegenstände". Die Militärhierarchie beurteilt ihn als „fähig und wissenschaftlich gebildet . . . und für ein höheres Verhältnis geeignet", als „entschlossen, kenntnisvoll, von schnellem Auffassungsvermögen, gediegenem Urteil".

1830 trennt sich Pfuel von seiner Frau *Karoline.* Während er mit seiner Familie in Koblenz lebte, hatte er sich in die Frau des Regierungsrats *Wahlert* verliebt, die *Varnhagen* als „schön, heiter, in sich fest und charaktervoll" beschreibt. Die Verbindung zu ihr hielt Pfuel aufrecht, als er 1826 nach Magdeburg umgezogen war. Zuneigung und Geduld seiner gefühlvollen, ihn heiß liebenden Frau, die Bindung an seine Kinder hielten ihn nicht zurück. Beide Ehen wurden geschieden. 1832 heiratete er, zweiundfünfzigjährig, die 13 Jahre jüngere *Emilie Wahlert,* geb. *von Alvensleben.* Die Verwandten in Nennhausen, Berlin und Jahnsfelde kritisierten sein Verhalten, auch wenn sie zugaben, daß seine erste Frau nicht zu ihm gepaßt hatte. Sie zweifelten zudem, ob er bei seiner zweiten Frau das Glück, um das er gerungen hatte, finden würde. *Varnhagen* nannte später zurückblickend Ernst Pfuels Ehe mit *Emilie Alvensleben* „überaus glücklich".

Seit 1707 gehörte das im Nordwesten der Schweiz gelegene Fürstentum Neuenburg, die Principauté de Neuchâtel et Valangin, zur preußischen Krone. Der König ließ sich durch Gouverneure vertreten. Ernst von Pfuel war von 1832 bis 1848 der letzte der preußischen Gouverneure.

Gouverneur des Fürstentums Neuchâtel – Kommandant der Festung Köln

Im Jahr 1830 kehrte Pfuel ins Rheinland zurück und übernahm die Stellung des Kommandanten der Festung Köln, für Preußen der geeignete Mann in der größten Stadt der Rheinprovinzen. Den Kölnern, die nicht gerade willige Preußen waren, sollte ein Offizier vorgestellt werden, dessen Bildung und menschliche Toleranz für den Staat werben konnten. Hinzu kam, daß die Pariser Julirevolution Aufmerksamkeit an der deutschen Westgrenze verlangte. Pfuel kannte das Gebiet zwischen Aachen, Lüttich und Brüssel vom Waterloo-Feldzug des Sommers 1815. Er eignete sich deshalb auch militärisch für den neuen Wirkungskreis. Die Ereignisse in Frankreich, die zur Einsetzung des Bürgerkönigs *Louis Philippe* führten, und der belgische Aufstand im August beunruhigten jedoch das deutsche Rheinland nicht. Ein fast vergessen dahinlebendes Stück Preußen, der Schweizer Kanton Neuchâtel, geriet in den Sog der westeuropäischen Bürgerbewegungen.

Seit 1707 gehörte das im Nordwesten der Schweiz gelegene Fürstentum Neuenburg, die Principauté de Neuchâtel et Valangin, zur preußischen Krone. Der König ließ es durch Gouverneure verwalten. Zu Beginn des Revolutionsjahres 1830 war mit dem Tod des Gouverneurs *von Zastrow* die preußische Statthalterposition frei und zunächst nicht wieder besetzt worden.

Neuenburg, auf der Grenze zwischen dem französischen und dem deutschen Sprachraum und damit auch politisch zwischen Frankreich, der Schweiz wie auch dem deutschen Reich gelegen, hatte bereits im hohen Mittelalter eine beachtliche Zunahme der Freiheiten seiner Einwohner erlebt. Diese günstige politische Entwicklung mag auch durch die Lage Neuenburgs am Südhang des Juragebirges, geschützt gegen Frankreich, aber offen gegen die Schweiz, bedingt gewesen sein.

Den Grafen von Neuenburg war es gelungen, vom ausgehenden 9. bis zum Ende des 12. Jahrhunderts der Lehenshoheit zunächst des Königs von Burgund und später, mit und nach *Konrad II.*, auch der des deutschen Kaisers so weit zu entgleiten, daß sie Anfang des 13. Jahrhunderts eine souveräne Monarchie darstellten, die nur noch dem Namen nach dem deutschen Reich unterworfen war. Offensichtlich zur Stärkung dieser Unabhängigkeit durch ein Bündnis mit ihrer Bevölkerung gaben 1214 die Grafen *Ulrich IV.* und *Berthold von Neuenburg* „im Einverständnis mit der Bürgerschaft" der Stadt Neuenburg eine „Charte des Franchises", genannt die „Charta von 1214". Die Grafen waren am Wohlergehen und Wohlwollen der Bürger interessiert, da sie für ihre Unternehmungen wie die Teilnahme an Kreuzzügen von ihnen finanzielle Hilfe zu erwarten hatten.

Mit der Gewährung der „Freiheit der Person", die willkürliche Verhaftungen verbot und sie nur bei frischer Tat oder nach gerichtlicher Erkenntnis gestattete, und mit der Schaffung eines Asylrechts gehört die Charta von 1214 zu den ersten klaren Schritten der Entwicklung allgemeiner Freiheitsrechte im Mittelalter. Hinzu kam nach und nach auch die Befreiung der Leibeigenen. Die Charta gewährte weiterhin beachtliche zivilrechtliche Vorteile wie Vermögensfreiheit und Testamentsfreiheit. Andererseits legte sie die Pflichten der Bürger zu Kriegsdienst, Erhaltung des Schlosses und der Zahlung von Gewerbe- und Verbrauchssteuern fest und definierte die Privilegien der Geistlichkeit und des niederen Adels.

Zukunftsbestimmend war jedoch, daß die Charta vom jeweiligen Regenten einen „ewigen Eid" auf die Einhaltung ihrer

Thesen verlangte. Sie hatte besonders durch ihre Erneuerung 1594 einen solchen Bestand, daß noch 1798 beim Regierungsantritt des preußischen Königs *Friedrich Wilhelm III.* dieser Eid wiederum geleistet wurde.

1648 gelang es dem damals herrschenden Fürsten *Heinrich II. von Longueville,* der sich auch *Graf von Neuenburg* nannte, infolge seiner hervorragenden Stellung als einem der ersten Bevollmächtigten des Königs von Frankreich in den Verhandlungen zum westfälischen Frieden sich „Souveräner Fürst von Neuchâtel und Valangin" zu nennen. Damit hatte sich Neuenburg auch rechtlich vom deutschen Reich getrennt.

Heinrich II. und seine Tochter, die *Herzogin von Nemours,* als seine Erbin, führten bis 1707 ein von der Bevölkerung hoch geschätztes liberales Regime. Mit dem Tod der Herzogin erhob sich erneut die Erbfrage und damit die Frage nach der Herrschaft über Neuenburg. Da das Land kein Reichslehen war, konnte es nicht an den Kaiser fallen. Die Eigenart der uralten Verfassung gebot, daß der neue Fürst durch Rechtsspruch bestimmt werden mußte. Fünfzehn Anwärter auf das herrenlose Fürstentum fanden sich ein, von denen allerdings nur zwei bis vor das Wahlgericht, das Adel und Bürger Neuenburgs stellten, kamen. Daß somit ein Land in Europa ohne Einwirken des deutschen Kaisers oder des französischen Königs im Jahre 1707 seinen Regenten selbst wählte, ist ein historisches und politisches Kuriosum.

Der *Prinz von Carignan-Savoyen* und *König Friedrich I. in Preußen* konnten die stärksten Ansprüche anmelden. Der Prinz berief sich auf seine Verwandtschaft zur *Herzogin von Nemours* und die Vorfahrenschaft früherer Neuenburger Grafen. Seine Rechte waren weitaus besser begründet als die des Königs in Preußen. Dieser leitete seine Forderungen aus den beanspruchten Anteilen seiner Mutter am Oranischen Erbe ab. Von hier gesehen ist zwar nicht das Recht, aber wenigstens das Interesse Preußens an diesem entfernten Land zu erklären: Der Preußenkönig wollte aus dem Oranienerbe die Franche Comté an sich ziehen, die Region zwischen Jura und Elsaß. Der Erwerb Neuenburgs war als erster rechtlicher Schritt auf diesem Weg gedacht.

Was wollten die Neuenburger für sich und was erwarteten sie von ihrem künftigen Regenten? – Ihnen lag zunächst an der Erhaltung ihrer Eigenstaatlichkeit und ihrer souveränen Staats- und Bürgerrechte. Ferner ging es ihnen um ihre Landesreligion. Beides konnte ihnen das ferne Preußen am ehesten garantieren, im besonderen jedoch ihren kalvinistischen Glauben. Eine Anlehnung an Frankreich, wie sie die Regentschaft des *Prinzen von Carignan-Savoyen* zur Folge gehabt hätte, würde Neuenburg in den Einflußbereich *Ludwig XIV.* gebracht haben, dessen zentralistische Regierungsführung und religiöse Intoleranz für Neuchâtel die unangenehmsten Folgen gehabt hätten.

Vor dem „Gericht", das aus dem Neuenburgischen Staatsrat und dem „Trois-Etats", dem höchsten Gericht Neuenburgs, bestand, siegte Preußen. Diesen Prozeß, der einer nachträglichen rechtlichen Prüfung kaum standhalten dürfte, gewann Preußen durch raffinierte „Gutachten" wohlwollender Neuenburger Beamter und Rechtssachverständiger und mit enormen Bestechungssummen, die durch den preußischen Gesandten *Graf Metternich* an maßgebliche Personen in der Schweiz und insbesondere in Bern, das im Hinblick auf die Charten von 1214 und 1494 eine Art Vormundschaft für Neuenburg besaß, verteilt wurden. Solche Bestechungen, diskret als Pensionen oder Renten vergeben, stellten ein damals übliches politisches Mittel dar.

Letztlich kostete Preußen der Prozeß an die 600.000 Taler einschließlich einer Abfindung von 33.400 Pfund an den *Prinzen von Savoyen,* mit der *Friedrich I.* sein schlechtes Gewissen bekundete und den Prozeßvertretern des Prinzen einen einigermaßen ehrenvollen Rückzug und den Verzicht auf weitere – wo überhaupt denkbare – Ansprüche ermöglichte. Die Einkünfte des Königs von Preußen aus den Neuenburger Staatseinkünften betrugen dagegen nur 70.000 Pfund im Jahr. Was darüber hinausging, wurde ausschließlich für die Landesverwaltung eingesetzt.

Die Preußenherrschaft über das Fürstentum blieb durch die von den Neuenburgern selbst gewünschte Distanz gekennzeichnet. Gouverneure, die dort den preußischen König vertraten, hatten ein ruhiges und angenehmes Amt. Der König übertrug es besonders älteren verdienten Generalen als zusätzliche Einkunft. Portraits der Gouverneure zieren noch heute den prunkvollen Saal des Neuenburger Schlosses.

Durch die Abgeschiedenheit des Landes war die Aristokratie Neuenburgs unter preußischer Herrschaft im 18. Jahrhundert sehr stark geworden. Andererseits hatte sich im gebildeten Volk mit der Französischen Revolution und durch die Nähe zur Eidgenossenschaft liberales Denken kräftig entfaltet.

Die mit preußischem Rat nach 1814 restaurierte Innenpolitik in Neuenburg führte nach der Französischen Julirevolution von 1830 unausweichlich zu Spannungen. Um der Situation Herr zu bleiben, schickte *Friedrich Wilhelm III.* den General von Pfuel als Kommissär „mit freiestem Spielraum" nach Neuenburg. Pfuel traf Ende Mai 1831 ein, bereiste das Land, gestattete jedem, seine Wünsche frei zu äußern. Er sah als selbstverständlich an, daß ihm auch die Nachteile der Herrschaft des Preußenkönigs und die Notwendigkeit, die fürstliche Gewalt einzuschränken, offen dargelegt wurden.

Auf Wunsch der Neuenburger Aristokraten war im Juli 1831 ein neuer gesetzgebender Rat mit „größter Beteiligung des Volkes" eingesetzt worden. Seine 88 Mitglieder teilten sich in drei Parteien: Königstreue, Konstitutionelle, die das monarchische Prinzip aufrechterhalten, ansonsten aber freie Entwicklung wollten, und schließlich eine dritte Gruppe, die das Verhältnis zum Haus Brandenburg ablehnte.

Der gesetzgebende Rat beschloß alsbald mit Genehmigung Pfuels die Abschaffung der Zensur, die Einführung der Pressefreiheit und nebenbei die Aufhebung verschiedener mittelalterlicher Feudalgebühren und die Freigabe der Jagd – also die Beseitigung uralter adliger Vorrechte. Wurde dies von den Neuenburgern schon sehr begrüßt, so hatte Pfuel dennoch im Hinblick auf die „Radikalen" klar gemacht, daß die fürstliche Macht auf dem Antragswege im gesetzgebenden Rat wohl beschränkt, aber nicht beseitigt werden könne.

Bald nach seiner Rückreise nach Berlin brach jedoch ein republikanischer Aufstand aus, der am 13. September zur Eroberung Neuchâtels und seiner Burg und zur Vertreibung des Staatsrates nach Valangin führte. Nachdem sie sich gefaßt hatten, waren die Monarchisten zwar in der Überzahl: 1.800 gegen 800 Aufständische. Der Staatsrat bat jedoch zur Verhinderung eines Bürgerkrieges um die Hilfe der Eidgenossenschaft: Am 24. September rückten Truppenkontingente aus den Kantonen Thurgau, Bern, Vaadt und Freiburg in Neuenburg ein und zwangen die Aufrührer am 27. September zur Kapitulation. Freier Abzug und gänzliches Vergessen des Vorgefallenen von beiden Seiten wurde vereinbart. Den Aufständischen wurde indessen auch zugestanden, daß über die „Emanzipation von Preußen" eine Abstimmung stattfinden sollte – ein Versprechen, das nicht gehalten wurde und zum erneuten Aufflackern des Widerstandes im Dezember führte.

Im Oktober war Pfuel nach Neuenburg zurückgekehrt. Er verkündete in einem Aufruf, „der König wolle, daß der Aufruhr bis in seinem Keime erstickt werde". In einer weiteren Proklamation vom 2. November kommentierte er: „Die politischen Meinungen sind frei; ich gestatte alle, sie mögen sein welche sie wollen; aber sobald diese Meinungen sich durch Taten äußern, kann es sich nicht um Duldung handeln, sondern nur um Gesetzlichkeit oder Verbrechen, und das Verbrechen soll bestraft werden."

Eine neue Regierung mit 8 statt bisher 22 Staatsräten wurde eingesetzt. Sie gelobte „Bekämpfung aller Angriffe auf die königliche Oberherrschaft aber auch Beförderung des Glückes und der Ehre der Eidgenossenschaft und getreuen Beobachtung des Bundesvertrages". Zu letzteren Gelöbnissen hatte sie allen Grund. Waren es doch Eidgenossen, die das monarchische Prinzip in Neuenburg gerettet hatten.

Am 18. Dezember brach wieder ein Aufstand aus, angeführt von Mitgliedern der bürgerlichen Intelligenz, unterstützt von Freischärlern aus dem Kanton Vaadt. Diesmal übernahm General von Pfuel selbst mit Neuenburgischen Truppen, der besoldeten Stadtgarnison von Neuenburg und einigen Kompanien Bürgergarde mit Artillerie, die militärische Führung. In zwei Tagen waren die Aufständischen geschlagen, ihre Führer gefangen.

Zur Jahreswende 1831/32 herrschte im Fürstentum Neuenburg wieder Ruhe. Schon im Januar konnte Pfuel daher den Belagerungszustand aufheben. Die Neuenburger verliehen Pfuel das Ehrenbürgerrecht. Auf Wunsch des Staatsrats wurde er von *Friedrich Wilhelm III.* zum Gouverneur ernannt.

Politische Aufgaben ergaben sich für Pfuel nur noch in den Jahren 1832 bis 1834: Nach dem Sieg über die „Revolution" schlug das Pendel in Neuenburg weit nach rechts aus. Mit 62 gegen 15 Stimmen erreichte die königliche Partei von Neuenburg im gesetzgebenden Rat die Verabschiedung einer Adresse an den König, in der die Trennung von der Schweiz verlangt wurde. *Friedrich Wilhelm III.* weigerte sich aber, diesem Begehren stattzugeben. Man befürchtete in Berlin nicht nur Komplikationen mit der Eidgenossenschaft, sondern auch mit Österreich und Frankreich. Die restaurativen Mächte wußten es außerdem zu schätzen, daß sie in Neuenburg über einen Stützpunkt mit ihnen genehmer politischer Couleur in der Schweiz verfügten. Einerseits um Reaktion und Aristokratie in anderen Kantonen – wo sie noch Vorrechte besaßen – zu stützen, andererseits um die liberalen Impulse, die von der Schweiz auf Europa ausgingen, im Auge zu behalten.

Bis zur faktischen Trennung des Kantons von Preußen in den frühen Märztagen 1848 hielt sich Pfuel jährlich eine Zeitlang im Fürstentum auf. In Neuenburg herrschte wie im übrigen Europa Ruhe zwischen den Revolutionen. Militärische Aufgaben gab es keine, politische Aufgaben wenig. Interessiert ließ Pfuel die wirtschaftliche und kulturelle Entwicklung des Landes vor sich gehen.

Sein Handeln in der zweiten Hälfte des Jahres 1831 hatte bewirkt, daß Neuchâtel über eine konstitutionelle Verfassung verfügte, wie man sie in Preußen in dieser Zeit nur zu träumen wagte. Er hatte zugelassen, daß in diesem Kronland Pressefreiheit herrschte, und Bürgerrechte durchgesetzt, die im Herbst 1848 in Preußen einzuführen den Sturz Pfuels als Ministerpräsident verursachen werden.

Für die Neuenburger Episode gilt wie für andere entscheidende Situationen in Pfuels Leben sein Bestreben, bei politischen Erfordernissen und staatlichen Zwängen geistige und humane Ziele nicht aus dem Auge zu verlieren, durch persönliches Auftreten in Rede und Schrift der Überzeugung den Vorrang vor dem militärischen Eingreifen zu geben, sich persönlich der Diskussion wie der kriegerischen Gefahr auszusetzen und – wo es dennoch geboten scheint – durch rasches und entschiedenes militärisches Handeln die Entscheidung herbeizuführen, um friedliche und damit entwicklungsfähige gesellschaftliche und politische Zustände so bald wie möglich wiederherzustellen.

Die Verhaftung des Erzbischofs von Köln

Vom Militärdienst in Köln, wo Pfuel, 1832 zum General-leutnant ernannt, seinen Hauptwohnsitz hatte, ist wenig zu er-wähnen. Allenfalls Selbstverständliches, wie Errichtung einer Schwimmanstalt auf der rechten Rheinseite gegenüber dem Dom. Aber auch die Nähe, die Pfuel von Köln und Neuenburg aus wieder zu seinem König in Berlin gewinnt, und engere Bande, die sich zur aufgeschlosseneren Natur des Kronprinzen entwickeln, sind zu nennen. Der rheinische Maler *Simon Meister* stellt 1834 den *Kronprinzen Friedrich Wilhelm*, Pfuel und den Oberst *von der Lund* bei der Rückkehr von einer Parade hoch zu Roß dar. *Meister* malt auch das Porträt des etwa Fünfundfünf-zigjährigen in stolzer Gouverneurs- und Generalleutnantspose.

Die Kölner Überlieferung zeichnet Pfuel bürgernah. Er gehört dem Komitee für die niederrheinischen Musikfeste an, interessiert sich für den „Gewerbverein zu Köln", der ihn 1838 zum Ehrenmitglied ernennt. Die Kölner Bürger erkennen seine Neigung für wissenschaftliche, künstlerische und technische Fragen, seine Bereitschaft, bürgerliche und kommerzielle Ein-richtungen fortzuentwickeln, seine Geselligkeit und Freundlich-keit – Eigenschaften, angesichts derer das Militärische fast in den Hintergrund zu treten scheint.

Dieses Wohlwollen der Kölner bleibt dem General auch erhalten, als er im November 1837 eine außerordentlich unan-genehme Aufgabe zu erfüllen hat, die Verhaftung des Erzbi-

Generalleutnant Ernst von Pfuel, *Kronprinz Friedrich Wilhelm, Oberst Kellermeister von der Lund* kehren von einer Parade in der Mühlheimer Heide nach Köln zurück. (Nach einem Gemälde von *Simon Meister* 1834).

schofs von Köln, *Freiherrn Clemens August von Droste-Vischering.* Der Erzbischof hatte sich ebenso wie der Bischof von Trier und der Erzbischof von Gnesen geweigert, einer preußischen Kabinettsordre von 1825 zu entsprechen, Mischehen zwischen Protestanten und Katholiken katholisch trauen zu lassen und dabei zuzugestehen, daß die Kinder dieser Ehen dennoch evangelisch erzogen würden. Die rheinische Geistlichkeit erkannte eine – wohl angreifbare – Einigung in dieser Problematik zwischen dem Vatikan und der preußischen Regierung nicht an.

Die preußische Regierung nahm diese Ablehnung nicht hin. „Des Königs Majestät lassen den Herrn Erzbischof bedeuten: Daß Allerhöchst Dieselben von nun an die fernere Verwaltung seines Erzbischöflichen Amtes in seinem Reiche nicht gestatten. Der Prälat ist angewiesen ... die erzbischöfliche Wohnung und den Sprengel Köln sofort zu verlassen und in seiner Heimat die weiteren Bestimmungen seiner Majestät abzuwarten."

Diese Anweisung wurde vom Erzbischof nicht befolgt. Die preußische Regierung befahl Pfuel aus Neuenburg, wo er sich gerade aufhielt, nach Köln zurück, um den Geistlichen zum Verlassen der Stadt zu zwingen. Aus Pfuels späterem Freundeskreis berichtet der Parlamentarier *Loewe:* Er ging in Köln „direct in die Kaserne der reitenden Artillerie, ließ die Leute zu Pferde steigen und rückte mit ihnen nebst einem bereit gehaltenen verschlossenen Wagen vor das erzbischöfliche Palais. Dort forderte er den Erzbischof *von Droste-Vischering* auf, ihm als Gefangener zu folgen, wies den Überraschten auf die Gewalt hin, die ihm zu Gebote stand, worauf derselbe denn auch ohne Widerstand in den Wagen stieg. Die ganze Sache verlief so schnell, daß kein weiteres Aufsehen entstand, außer etwa der Neugier, mit welcher das gewöhnliche Straßenpublicum den vom Militär umgebenen Wagen passiren sah."

Am 22. November 1837 lasen die Bürger in der Kölnischen Zeitung nicht mehr als: „Gestern abends bald nach sechs Uhr verbreitete sich in hiesiger Stadt das Gerücht, daß einige Posten in der Nähe der Gereonstraße militärisch besetzt seien. Bald dar-

auf erfuhr man, daß der Herr Erzbischof plötzlich abgereist sei."
Pfuel hatte schnell und entschlossen gehandelt und damit jede
weitere Komplikation vermieden.

In Berlin hatte man diese Aufgabe als sehr schwierig angesehen, sogar befürchtet, daß in Köln ein Aufstand ausbrechen
könnte. – Die „Wegführung" verlief jedoch ohne Aufhebens,
wie der magere Kommentar in der – allerdings zensierten – „Kölnischen Zeitung" beweist. Schon bis Bonn drang dieses Ereignis
publizistisch nicht mehr. Das „Bonner Wochenblatt" beschäftigte sich am 21. November, dem Tag der Entführung, mit Ratschlä-
gen für die deutschen Weintrinker: Wer deutschen Wein trinkt,
wird nicht von der Cholera befallen! Beweis: von Köln bis
Frankfurt tritt diese Krankheit nicht auf, wohl aber in Wien,
Dresden, Leipzig und Weimar. Und am folgenden Tag, an dem
das Kölner Ereignis zu melden gewesen wäre, wird das Bonner
Wochenblatt mit der Frage: „Wie wird Europa im Jahre 1900
aussehen?" aufgemacht.

Daß die Verhaftung des Kölner Erzbischofs eher als diplomatischer denn als ein polizeilicher Akt zu würdigen ist, zeigt
der Vergleich mit ähnlichen Ereignissen des Kulturkampfes im
Jahr 1874. Damals wurden wiederum der Kölner und der Gnesener Bischof verhaftet. Acht Monate verbrachte der Kölner Erzbischof im Gefängnis, der Gnesener Erzbischof sogar zwei Jahre.
Die Verhaftung des Erzbischofs von Köln geriet 1874 zu einem
öffentlichen Ereignis. Zwischen Erzbischöflichem Palais und
Gefängnis waren aus Sicherheitsgründen Truppen angetreten.
Der Oberpräsident der Rheinprovinz und der Regierungspräsi-
dent von Köln begaben sich in das Palais, um die Verhaftung
mitzuteilen. Das katholische Volk war zur Stelle, stand hinter
dem Militär Spalier, sang Kirchenlieder und bereitete dem Erzbischof einen Triumph, den die preußische Regierung wohl kaum
gewollt hatte.

Daß Pfuels Anerkennung und guter Ruf in Köln durch die
„Wegführung" des Erzbischofs nicht gelitten hatten, beweist der
Abschied, den die Stadt ihm gab, als er 1838 zum Chef des VII.

Armeekorps in Münster ernannt wurde. „Durch die Beförderung Sr. Exzellenz des Generalleutnants Herrn von Pfuel zum kommandierenden General des siebenten Armeekorps erleidet unsere Stadt einen Verlust, welcher durch alle Klassen der Gesellschaft schmerzlich empfunden wird", schrieb die Kölnische Zeitung am 18. April 1838.

Unter der Rubrik „Preußen" widmete die Zeitung ihre ganze Titelseite dem nach acht Jahren Scheidenden. Sie berichtete über das Festmahl, das der Gewerbverein im Casino am Augustinerplatz in Anwesenheit der „Chefs aller hiesigen Behörden und vieler Notabeln der Stadt . . . den Stabsoffizieren der verschiedenen Truppenabtheilungen . . . und dem Herrn Oberbürgermeister *Steinberger*" gab, der in seiner Abschiedsrede die Spanne zwischen den „innigen Wünschen für das fernere Wohl Sr. Exzellenz in dem neuen Wirkungskreise und der Trauer, welche dadurch unserer Stadt bereitet werde" betonte. Zwei Drittel der Titelseite der Kölnischen Zeitung waren neben dem Bericht mit Abschiedsgedichten angefüllt. Rheinisches Gemüt, rheinische Anhänglichkeit und eine gute Portion Sentimentalität klingen aus den Versen „Wird ein Pfuel uns doch nicht wieder!/Jeder fühlt, was Er uns war./Und was sollen diese Lieder/ist er fern auf immerdar!"

Wie er in der Stadt geschätzt wurde, charakterisieren auch die Zeilen eines anderen Liebhabergedichtes:
„Nicht stolz im Glück und im Befehl nicht heftig,
den Guten gut, nur furchtbar den Verwegenen,
so hat er stets die Kraft verklärt durch Milde
zu eines Mannes ritterlichstem Bilde!"

Das militärische Oberkommando in der katholischen Provinz Westfalen ist ein Hinweis, daß der westlich und liberal orientierte Pfuel der Regierung und dem Königshaus weiterhin als der Mann erscheint, der weniger preußischen Drill – hier bleibt die Beurteilung in seiner Militärakte stets zurückhaltend –, sondern eher preußischen Geist und preußische Toleranz repräsentiert. Die Beziehung zu *Friedrich Wilhelm IV.*, König seit 1840, wird enger, Pfuel wird unmittelbar zu diplomatischen Aufgaben herangezogen. Er reist im Juni 1840 nach Paris, um König *Louis Philippe* den Regierungswechsel in Preußen anzuzeigen. 1841 besichtigt er Truppen des deutschen Bundesheeres, Hessen, Luxemburger und Nassauer. Im Sommer 1842 geleitet er das Königspaar in das Fürstentum Neuchâtel.

Die erste Eisenbahnverbindung Deutschlands mit dem Ausland, die Strecke Aachen – Herbesthal, war im Spätsommer 1843 fertiggestellt worden. Die preußische Regierung und das rheinische Gewerbe sahen im General von Pfuel den geeigneten Repräsentanten, um dieses bedeutende Bindeglied im internationalen Bahnnetz am 19. Oktober mit einem Festakt zu eröffnen.

Die Märzrevolution 1848 in Berlin

Am 2. März 1848 hatte der König den General von Pfuel zum Gouverneur von Berlin berufen, als Nachfolger des Generals von *Müffling,* der zweiundsiebzigjährig in den Ruhestand gegangen war. Mit dem Umsturz in Paris am 24. Februar war die revolutionäre Stimmung in Europa rapide gewachsen. Ob *Friedrich Wilhelm IV.* von Pfuel eher militärische Tatkraft als diplomatisches Geschick erwartete, ob es mehr die zu konstitutionellen Zugeständnissen geneigte Gruppierung am Hof war, die den König in dieser Berufung bestärkte, als die reaktionären Kräfte, die Militärpartei – darüber sagen die Quellen über die Vorgeschichte des „18. März" nichts aus. Selbst *Varnhagen,* zu dessen liberalem und schöngeistigem Kreis Pfuel nach wie vor gehörte, schrieb zum 12. März in sein Tagebuch: „General von Pfuel ist aus Münster hier angekommen und schon in sein neues Amt als Gouverneur von Berlin eingetreten; jetzt kein Ruheposten mehr! Er ist voll Eifer und träumt nur Krieg." Dies ist zwar nicht die Haltung, wie wir sie bisher an Pfuel kennengelernt haben. Die Bemerkung *Varnhagens* zeigt aber, daß Pfuel sich auf militärische Auseinandersetzungen eingerichtet hatte. Auch der österreichische Gesandte sah dies so und berichtete nach Wien, daß „für den Fall eines Krawalles General von Pfuel mit seiner bekannten Energie gewiß hier an seinem Platze" wäre. Der 18. März und die folgenden Monate zeigten jedoch einen zwar energisch, aber dennoch nicht militaristisch handelnden, sondern auf Ausgleich und Beruhigung bedachten Pfuel.

Karl August Varnhagen von Ense. Schriftsteller, Geschichts-
schreiber, Freund und Mentor Ernst von Pfuels.

Seit dem Winter 1847/48 hatte sich die politische Erregung in Berlin – ebenso wie im übrigen Deutschland – gesteigert. Die Bürger erinnerten sich mehr und mehr an konstitutionelle Verfassungen, die in den Befreiungskriegen zwar versprochen, aber infolge der Metternichschen Politik über mehr als ein Menschenalter vorenthalten worden waren. Durch die wirtschaftlichen Krisen, die seit Anfang der vierziger Jahre aufkamen, griff diese Stimmung – die zunächst nur in den gebildeteren und wohlhabenderen Schichten bestanden hatte – auf das Volk über.

1844 hatten die Weberaufstände Schlesien erschüttert. In der gleichen Provinz folgte 1847 eine Hungerepidemie. Die wohlhabenden Bürger spürten die Wirtschaftskrise im Winter 1847/48 durch Börsenkräche in Wien und Berlin, durch Sturz der Eisenbahnaktien und der staatlichen Schuldverschreibungen. Und entsprechend traf es auch das Proletariat: In Berlin wurden 400 Borsig-Arbeiter im Februar 1848 wegen Auftragsmangels entlassen, deutlichster Beweis der sich ausbreitenden Arbeitslosigkeit.

Diejenigen politischen Kräfte im konservativen Lager, die eine Revolution vermeiden wollten, hofften, daß *Friedrich Wilhelm IV.* konstitutionelle Zugeständnisse machte, „die man mit Dankbarkeit aufnehmen würde und die dem König eine große Popularität verschaffen würden". Die Berliner Bürgerschaft forderte in einer Adresse ihren Magistrat auf, tatkräftig vom König Pressefreiheit, wahre Volksrepräsentation und Vertretung der gesamten deutschen Nation durch Ausschüsse der bundesstaatlichen Landtage beim Bundestag zu verlangen. Die ablehnende Stimmung der preußischen Regierung hielt jedoch in den ersten Märzwochen an.

Pfuels Auftreten in den fünf Tagen tätlicher Auseinandersetzungen zwischen Volk und Militär in Berlin vom 14. bis 19. März 1848 erklärt sich aus Veranlagung und Willen zum Ausgleich, wie wir sie aus früheren Lebensperioden kennen, läßt sich jedoch auch aus dem Einfluß deuten, den *Varnhagen von Ense* und sein Kreis auf ihn ausübten. *Varnhagens* Tagebuch zeigt, daß Pfuel unmittelbar nach seiner Ankunft in Berlin engste Beziehungen zu ihm und seinem Freundeskreis aufnahm, dem auch *Alexander von Humboldt* und *Bettina von Arnim* angehörten. Beide sind in den Märztagen am häufigsten in *Varnhagens* Tagebuch erwähnt.

Wenn Pfuel zunächst wirklich „Krieg geträumt" hätte, so paßt es völlig in die von *Varnhagen* zeitlebens historisch und philosophisch untersuchte Problematik des Gegensatzes und Zusammenspiels von „Militärwesen" und „Diplomatie", wenn Pfuel als Gouverneur das Gegenteil betrieb, nämlich Abbau der Konfrontation zwischen Bürgern und Militär. Wie ernst es ihm damit war, zeigt, daß der achtundsechzigjährige General sich in den kritischsten Situationen jener Tage vor die Front seiner Soldaten stellte, sie vom Angriff zurückhielt und mit dem „Gegner", den Bürgern, redete – unter denen Angehörige der besser gekleideten Stände überwogen.

Die Situation in Berlin hatte sich nicht allein aus den oben geschilderten äußeren und inneren Ursachen verschärft, sondern auch dadurch, daß der König mehr und mehr Militär nach Berlin verlegt hatte – trotz warnender Stimmen nicht nur aus dem Kreis der Berliner Stadtverordneten, sondern auch aus der Militärführung selbst. Diese Maßnahme hatte die Militanz auch des Volkes erhöht. Es kam seit Anfang des Jahres zu größeren Volksversammlungen und Straßenaufläufen, auch schon zu gelegentlichem Barrikadenbau.

Am 14. März forderte eine Schießerei in der Brüderstraße den ersten Toten und einen Schwerverletzten. Dies war geschehen, obwohl Pfuel den Befehl erteilt hatte, Offiziere und Soldaten sollten mit „möglichster Gelindigkeit und Schonung" verfahren.

Bei den Truppen war aber auch zu hören, daß die Offiziere angewiesen seien, mit äußerster Strenge rasch einzuschreiten. Angesichts der unklaren Haltung, die *Friedrich Wilhelm IV.* zur politischen Lage, besonders zu den Ereignissen in Berlin, hatte, rangen an seinem Hof zwei Fraktionen gegeneinander. Die auf Ausgleich bedachte bestärkte Pfuel. Die andere hatte die Truppenkonzentration in Berlin bewirkt. Als ihr Exponent galt der *Prinz von Preußen,* Bruder des Königs, der spätere König und *Kaiser Wilhelm I.*

Der offene Ausbruch zwischen diesen Fronten erfolgte am 15. März: Auf dem Schloßplatz hatte Pfuel unter den Steinwürfen des Volkes die Truppen etwas in das Schloßportal zurückgezogen. Er ließ nicht schießen. Der General *Leopold von Gerlach,* jahrzehntelang engster Freund und politischer Berater des Königs, schreibt über die Ereignisse: „Pfuel stellte sich vor die Infanterie in voller Uniform, verbot aber jede feindliche Erwiderung, worüber der *Prinz von Preußen* empört war und sehr heftig von Demoralisieren der Truppen und dergleichen sprach." Der Meinung des *Prinzen von Preußen,* dem das Garderegiment unterstand, „daß man auf das Volk kräftig schießen müsse", konnte Pfuel nur dadurch begegnen, daß er sich zwischen die Fronten stellte.

Gegen diesen tapferen Versuch, Blutvergießen zu vermeiden, vermochte der Prinz militärisch nichts auszurichten. Er hatte nicht die Möglichkeit, dem Gouverneur Befehle zu erteilen. Die Reiterei verhaftete lediglich „einige zwanzig Meuterer", berichtete *Varnhagen* zum 15. März. Der Konflikt zwischen Pfuel und dem Prinzen erreichte nach seiner Schilderung jedoch den Höhepunkt: „Der *Prinz von Preußen* aber trat zornig an Pfuel heran und sagte: ‚Herr General, alles was ich mit so vieler Mühe geschaffen, diese gute Stimmung zum Angriff, haben Sie verdorben, mein ganzes Werk vernichtet, die Truppen demoralisiert, Sie haben die ganze Verantwortung davon, es ist indigne!' Pfuel antwortete rasch: ‚Königliche Hoheit, ich beschwere mich sogleich über Sie bei Seiner Majestät; was ich getan, hatte guten Grund und Erfolg, und ich werd' es verantworten.'" Er verlangte vom König auf der Stelle Genugtuung oder Entlassung. *Friedrich Wilhelm IV.* begütigte ihn, lud ihn zum Essen ein und gab seinem Bruder einen Verweis. Der Prinz mußte sich bei Pfuel entschuldigen.

„Vor dem Auftritt, den der General von Pfuel mit dem Prinzen von Preußen hatte, gab dieser, der nur als Zuschauer zugegen war und gar nichts befehlen durfte, den mit Steinwürfen geneckten Truppen eigenmächtig den Befehl, das Gewehr zum Schießen anzuschlagen, Pfuel befand sich sogar noch vor der Fronte und wäre von seinen eigenen Leuten erschossen worden. Er aber wollte überhaupt auf die paar Steinwürfe nicht mit Kugeln antworten lassen, befahl abzusetzen und pries die strenge Zucht der Soldaten, die mitten in der Erbitterung doch pünktlich gehorchten. Daraufhin nun brach der Prinz gegen Pfuel in Vorwürfe aus!" *Varnhagen von Ense* zum 15. März 1848.

In der Nacht vom 17. auf den 18. März arbeitete der Innenminister *von Bodelschwingh* eine Erklärung aus, die *Friedrich Wilhelm IV.* am 18. März verkünden sollte. Mit zunehmender Ver-
schärfung der Lage in Wien, nach dem Sturz *Metternichs* am 16.
März, hatte man es nun in Berlin eilig.

Die Erklärung sah alle Zugeständnisse vor, die zur Beruhigung beitragen sollten: Zustimmung Preußens zum Bundesstaat,
zu einem deutschen Parlament, zu einer Konstitution – also Verfassung – auch für Preußen und zur beschleunigten Einberufung des Vereinigten Preußischen Landtags als preußischer
Nationalversammlung.

Öffentlich dokumentierte sich dieses Einlenken auch dadurch, daß der Innenminister eine strenge Untersuchung gro-
ber Ausschweifungen und Gewalttaten der Gardekürassiere
angeordnet hatte und dies sogar in die Zeitungen hatte einrük-
ken lassen. Wie es scheint, ging letzteres wieder sehr gegen die
Gefühle des *Prinzen von Preußen.*

Diese Öffentlichkeitsarbeit des Ministeriums und das
Gerücht über eine positive Verlautbarung des Königs, das bis auf
die Straße gedrungen war, trugen ebenso wie die Zurückhaltung
der Truppen seit Pfuels Auftritt am 15. März dazu bei, daß am 17.
Ruhe herrschte und daß der 18. März, ein Sonnabend, äußerlich
sehr friedlich und hoffnungsvoll begann. Vormittags hatte der
König eine Deputation aus Köln empfangen, die ihm einen
„augenblicklichen hochherzigen Entschluß" nahelegte. Gegen
Mittag erschien eine Deputation der Berliner Stadtverordneten
im Schloß, die eine Verfassung, Bürgerbewaffnung und Entfernung des Militärs aus der Stadt verlangte.

Das Journal des Königlichen Flügeladjutanten *August
von Schöler* verrät dagegen, daß die antikonstitutionelle Fraktion
am Hof die Inszenierung eines Zusammenstoßes bereits früh
am Tag begonnen hatte. Um 1/2 8 waren im Abmarsch befind-
liche Garderegimenter wieder alarmiert worden, weil „ernstere
Auftritte erwartet werden". Doch im Schloß und in dessen

Umgebung entwickelte sich die friedliche Stimmung zunächst weiter.

Um 2 Uhr mittags verkündete der König die Aufhebung der Pressezensur – wenn auch mit Einschränkungen – und ordnete die rascheste Einberufung des Vereinigten Landtages an. Unter den Bürgern löste dies große Dankbarkeit aus, und der König konnte sich zweimal vom Balkon seines Schlosses der jubelnden Menge zeigen. Allerdings tauchten nun auch die unerfüllten Forderungen der Berliner mit größerer Deutlichkeit auf. Ihre wichtigste war die nach dem Abzug des Militärs.

Beruhigt hatte Pfuel am frühen Nachmittag das Schloß „unter dem tausendstimmigen Leberuf" des Volkes verlassen, um in der Staatsbank, wo er in der Wohnung des Präsidenten des preußischen Hauptbankdirektoriums, *Ferdinand von Lamprecht*, sein Zimmer hatte, einen Brief an seine Frau zu schreiben. Er war kaum auf der Bank angekommen, als er von neuem Tumult hörte. Um viertel nach drei Uhr wieder zurück im Schloß, erfuhr er, daß der König ihn unmittelbar nach seinem Weggang entsetzt und den Befehl über die Truppen dem General *von Prittwitz* übertragen habe. Der durch *Schöler* im Adjutantenjournal dokumentierte Vorwand für Pfuels Ablösung, „er war garnichtmehr aufzufinden gewesen", mag ihm das Verbleiben in der Umgebung des Königs ermöglicht haben. Militärisch mußte er sich nun heraushalten. Seine Politik, Gewalt zu vermeiden, auch wenn er sich dadurch in persönliche Gefahr brachte, konnte nicht mehr zum Zuge kommen, nachdem der Kampf entbrannt war.

Prittwitz, auch als Nachfolger des *Prinzen von Preußen* für das Kommando der Gardetruppen bestimmt, ein Mann, der nach 1815 historische Schriften verfaßt hatte und durchaus in der Lage war, die Situation um das Schloß und in Berlin zu erfassen, schien für die Konfliktstrategie der Militärpartei gewonnen zu sein. Der Tumult, in den Pfuel geriet – er hatte sich auf dem Weg von der Bank zum Schloß noch eine viertel Stunde bei Oberbürgermeister *Krausnick* aufgehalten – war der Angriff aus dem Schloß auf die angestaute Menge. Der Schloßplatz wurde von der Kavallerie gesäubert. Infanterie ging gegen die Breite Straße und die Lange Brücke vor, es wurde geschossen. Der Berliner Aufruhr war ausgelöst. Die ganze Nacht hindurch tobte der Straßenkampf, wurden Barrikaden verteidigt und gestürmt, fielen Bürger, Arbeiter und Soldaten.

Am 19. März war die Revolution ebenso wie das Militär erschöpft. *Prittwitz* befahl im Auftrag des Königs den Rückzug der Soldaten aus der Stadt. Parademäßig, mit klingendem Spiel, marschierten die Soldaten los, aber rasch brach die Militärmusik ab – das Volk wünschte Choräle.

230 Menschen waren erschlagen oder gefallen. Am Sonntagnachmittag zog der Leichenzug mit 183 toten Revolutionären auf Bahren und auf offenen Wagen in den Schloßhof. Der König wurde gedrängt, herauszutreten und die Toten zu ehren. Der von irgendwoher angestimmte Choral „Jesus meine Zuversicht" löste die zum Bersten gespannte Stimmung, die die Königin so empfand, als ob nur noch die Guillotine gefehlt habe. Am 21. März zeigte sich *Friedrich Wilhelm IV.* mit schwarz-rot-goldener Kokarde in der Stadt, am 22. März ehrte er nochmals am Gendarmenmarkt die gefallenen Revolutionäre.

Die Kontakte zwischen *Varnhagen* und Pfuel waren in diesen Tagen sehr dicht. Fast täglich erschien *Varnhagen*, manchmal auch von seiner Nichte *Ludmilla* begleitet, bei Pfuel in der Bank. Insofern mögen *Varnhagens* Tagebücher die Geschehnisse aus der Sicht der aristokratisch-liberalen Fraktion richtig wiedergeben. Nach einer späteren Aufzeichnung *Varnhagens* begab sich Pfuel, der am 18. abends bei ihm in Zivilkleidern erschienen war, am 19. wieder zum König. Er soll, als die Revolutionäre die Leichen der Gefallenen in den Schloßhof brachten, den König veranlaßt haben, auf die Galerie des Schlosses herauszutreten – selbstverständlich gegen den Rat des Prinzen –, um durch sein Erscheinen Zorn und Trauer der Bürger zu dämpfen.

Wenig später verließ Pfuel Berlin, reiste mit der Bahn nach Magdeburg, wohin es seit Herbst 1846 eine Verbindung gab, um

Der Angriff der Kavallerie auf das unbewaffnete Volk – in
dem die wohlgekleideten Bürger überwogen – vor dem königlichen Schloß in Berlin, löste den Aufstand des 18. März
aus.

sich auf dem Gut seiner Frau in der Altmark zu erholen. Das Verhältnis zu seinem König blieb ungetrübt. Schon im Mai finden
wir Pfuel als preußischen Kommissar in der Provinz Posen wieder, wo sich Bürger, Adel und Geistlichkeit gegen die Deutschen
erhoben hatten.

Der Posener Aufstand

Nach der Pariser Februar-Revolution, der Vertreibung *Metternichs* durch den Wiener Aufstand Mitte März, dem „18. März" in Berlin und Unruhen in vielen anderen Städten des deutschen Reiches rührte sich das Volk auch im dreigeteilten Polen wieder. In den österreichisch und russisch besetzten Gebieten des Landes blieb zwar eine erzwungene Ruhe. Im österreichischen Südpolen war nach Niederschlagung mehrerer Aufstandsversuche und der Besetzung des Freistaates Krakau 1846 der freiheitliche Mut erlahmt. Das Zarenreich regelte das Verhältnis zu seinem Teil Polens durch Galgen und Deportation: Politisch verdächtigte Personen wurden nach Sibirien oder nach den südlichen Bergwerken deportiert, ganze Gemeinden verpflanzt, Revolutionäre hingerichtet. Die Verwaltung der vier preußischen Provinzen Polens war – gemessen an den Umständen der Zeit – fast liberal. *Friedrich Wilhelm IV.* billigte aus der Wärme seines eigenen Nationalempfindens heraus keinesfalls Germanisierung, verlangte zwar Loyalität und Anhänglichkeit, ließ den Polen jedoch weitgehende sprachliche Rechte und Freiheit ihrer Selbstverwaltung.

Es war zwar schon 1846 in Preußisch-Polen zu einem Aufstand gekommen. Er war indessen so schwach, daß er mit Maßnahmen, die man polizeilich nennen möchte, „geglättet" werden konnte. Es folgte den Verhaftungen polnischer Patrioten im Juli 1846 ein Massenprozeß in Berlin vor dem Kammergericht. Die Richter sahen Landesverrat, nicht Hochverrat als Delikt. Sie fällten immerhin bei 260 Angeklagten 8 Todesurteile. Doch diese wurden nicht vollstreckt, denn die preußische Regierung wollte den Polen entgegenkommen. Einer der Anführer der Bewegung, *Ludwig von Mieroslawski,* nutzte die öffentlichen Gerichtsverhandlungen als Tribunal, in dem er sich zu einer „demokratischen Gesellschaft" bekannte, die für die Revolution, aber nicht für die Anarchie arbeite und jeden Zusammenhang mit dem Kommunismus ablehne. Den polnischen Aufstand bezeichnete er als eigentlich gegen die russische Herrschaft gerichtet. Er weigerte sich, ein Gnadengesuch an den preußischen König zu richten, verblieb in Berlin-Moabit im Gefängnis, aus dem er sich erst am 20. März 1848 befreien ließ. Noch am gleichen Tag erklärte er, daß zur Sicherheit eines freien Deutschlands als Mauer gegen Rußland ein unabhängiges Polen wiederhergestellt werden müsse.

Am 22. April hatte sich das deutsche Vorparlament in Frankfurt mit der Situation im preußischen Polen und der Einverleibung der größeren westlichen Hälfte des Großherzogtums Posen mit der Stadt Posen in den Deutschen Bund beschäftigt und sie auf Antrag Preußens zum 2. Mai beschlossen. Dies widersprach der von den polnischen Parlamentsabgeordneten ausgesprochenen Auffassung, nur die mehrheitlich deutsch bevölkerten Teile dem Deutschen Bund und damit im engeren Sinn Preußen anzugliedern. Die deutsche und preußische Meinung war jedoch, zusätzlich die überwiegend deutsch bevölkerte Stadt Posen, geographisch notwendigerweise dann auch ihre mehr polnische Umgebung, auf die deutsche Seite herüberzuziehen. Die Haltung der Parlamentarier war indessen – trotz dieses Gegensatzes zu den polnischen Abgeordneten – grundsätzlich polenfreundlich.

Die liberale Stimmung in Preußen unter dem Ministerium *Camphausen* – einem Kölner Bankier – hatte dazu geführt, daß die polnischen Emigranten ihr Hauptquartier von Paris nach Berlin verlegten. Fürst *Adam Czartoryski* erklärte hier sein Ziel, Gründer eines demokratischen Systems in Polen zu werden, und legitimierte dies damit, daß er in Versailles von den polnischen Emigrierten zum König gewählt wäre. Auch der preußische

Außenminister, *Baron Heinrich von Arnim,* zuvor preußischer Gesandter in Paris, spielte mit dem Gedanken, das Königreich Polen wiederherzustellen, um mit diesem und gestützt durch ein Bündnis mit Frankreich dem gefürchteten russischen Druck widerstehen zu können. Diese national-liberale Auffassung mag dem preußischen König gefallen haben, die „konservative Opposition" in Potsdam und Berlin des Jahres 1848 hatte über *Arnim* bereits Anfang März sehr kritisch befunden, er „sei ganz liberal aus Paris gekommen und scheine auf den König einen starken Eindruck gemacht zu haben".

Wohlwollen des Deutschen Bundestags, romantische Zuneigung *Friedrich Wilhelm IV.* zur polnischen Nationalität, Toleranz und Korrektheit der preußischen Verwaltung verhinderten nicht, daß Deutsche und Polen im Posenschen aneinandergerieten. Das am 20. März 1848 gegründete Polnische Nationalkomitee entwickelte sich zu einem revolutionären Wohlfahrtsausschuß. Örtliche Komitees vertrieben die Kreisbehörden, öffentliche Kassen wurden beschlagnahmt, Briefe erbrochen, preußische Hoheitszeichen entfernt. Und wo Polen preußische Adler zerstörten, zerrissen Deutsche polnische Fahnen und beschimpften Personen, die polnische Kokarden trugen. Wenn jeweils Deutsche oder Polen in der Mehrzahl waren, entwaffneten sie die Minderheiten. Die Deutschen steigerten sich in die Hysterie, sie sollten von den Polen ausgerottet werden. Die Polen empfanden die Deutschen als auf ihrer Erde fett und reich geworden und bedeuteten ihnen, sie hätten in diesem Lande nichts zu suchen. Überdies war den einfachen Polen von den nationalen Anführern eingeredet worden, die Preußen beabsichtigten, sie um ihren katholischen Glauben zu bringen und zur evangelischen Religion zu zwingen. Taten folgten der Polemik: So wie man die Gewalttaten der Polen als barbarische Ausbrüche von Unterdrückten werten muß, so entwickelten die Gegenmaßnahmen alle Züge einer brutalen Obrigkeitsgesinnung. Anarchie war die Folge.

Schon Anfang April 1848 standen sich preußische Truppen unter General *von Colomb* und organisierte polnische Aufständische gegenüber, versuchte der preußische Kommissar *Freiherr von Willisen,* durch Verhandlungen die deutsche und polnische Bevölkerung und die Aufständischen zu beruhigen. Mitte April hatte *Willisen* erreicht, daß der größte Teil der kämpfenden Polen – etwa 12.000 bis 15.000 Mann – die Waffen niederlegte. Nur kleinere Insurgentengruppen blieben noch beieinander. *Willisens* entgegenkommende Haltung gegenüber den Polen wurde von den ansässigen Deutschen nicht verstanden, und General *von Colomb* – eine Husarennatur – war entschlossen durchzugreifen.

Am 17. April wurde *Willisen* abberufen. Unter Bruch des Waffenstillstands von Jaroslawiez, den *Willisen* am 9. April geschlossen hatte, stellte *Colomb* am 23. April die Polen zur Schlacht bei Miloslaw, in der die preußischen Truppen gegen weniger als 2.000 mangelhaft organisierte und geführte polnische Schützen, Ulanen und Sensenmänner siegten, ein Sieg, den *Colomb* indessen in der Vossischen Zeitung ruhmsüchtig als über 10.000 Soldaten errungen beschrieb.

Aufgrund der Resolution des Frankfurter Parlaments vom 22. April erging am 26. April eine königlich-preußische Kabinettsordre über eine Teilung des preußisch besetzten Polens nach Nationalitätsgesichtspunkten. Nach der Abberufung *Willisens* wurde Pfuel am 2. Mai als „Pazifikator" in den Posener Aufruhr geschickt. Hoffnungen, Sorge und Widerstand beider Nationalitäten erwarteten ihn dort. Sein Auftrag, eine Demarkationslinie zwischen dem polnischen und dem deutschen Anteil zu ziehen, war nach der gescheiterten liberalen Politik *Willisens* und während des anhaltenden Wütens der Truppen unter *Colomb* und deutscher Terroristen sehr delikat. Wollten die Deutschen als Oberschicht in den Städten ihre wirtschaftlichen und politischen Privilegien gesichert wissen, befürchtete die polnische Oberschicht wie der einfache Mann eine erneute polnische Teilung. Preußen wußte bei diesem Akt den der polnischen Nationalität im Grund wohlgesinnten Frankfurter Bundestag hinter sich.

Pfuel als Königlicher Kommissar und General der Infanterie wendet sich mit einem Manifest schon am 5. Mai 1848 an die

Bevölkerung. Er bezieht sich auf die königliche Kabinettsordre vom 26. April über die Reorganisation, spricht von Teilung der Provinz Posen, die durchzusetzen zugleich mit der Befriedung seine Aufgabe ist. Er begründet die Fortsetzung des Kriegsrechtes, Martial-Gesetz genannt, um handeln zu können. Denn dies „setzt vor allem Ruhe und Ordnung voraus; dagegen finde ich überall den vollsten Aufruhr, angefacht durch die allergrundlosesten Befürchtungen für Religion und Nationalität". Er erneuert das Versprechen des Königs, sofort mit der Verwaltungsorganisation – also Selbstbestimmung – derjenigen acht Kreise im Umkreis von Gnesen zu beginnen, die als rein polnisch zu betrachten sind. Dort sind „polnische Regierungen einzusetzen". Die „Demarkationslinie der Teilung soll indessen noch vertagt werden ... um vor der definitiven Teilung ... etwa noch hervortretende Wünsche beider Nationalitäten in gehörige Erwägung nehmen zu können".

Bitten, Proteste und Verweigerungen begegnen ihm. Verweigerung primär auf der deutschen Seite, aber auch auf der polnischen: Pfuel hat den Abgeordneten *Gustav von Potworowski* aufgefordert, „die Stelle eines Präsidenten in dem zu reorganisierenden Theile des Großherzogtums Posen zu übernehmen". *Potworowski* lehnt ab, weil er sich „nicht irgendwie an einem Werke beteiligen wolle, das ich für eine neue Theilung Polens ansehen muß". Ein vermögender Gutsbesitzer, *von Haza-Radlitz*, Pfuel aus der Dresdner Zeit von 1809 bekannt, beruft sich auf Stunden, die Pfuel damals im Hause seiner Eltern beim Beginn fast gleichartig bewegter Zeiten verbracht hatte, und fordert ihn dringend auf, das Blutvergießen an den Bauern zu beenden, macht Vorschläge zu einem erneuten Waffenstillstand. Er rät in einer Denkschrift, „nicht nach Rapporten und Berichten der einen Seite zu urteilen und danach sogleich mit Kanonen zu handeln", bestätigt *Willisens* Erklärung, wonach *Colomb* nach dem Waffenstillstand vom 9. April „die in ihre Heimat zurückkehrenden unbewaffneten Haufen mit blutigen Köpfen in die Lager zurückgesendet hat" und bittet um „einen entscheidenden Coup de Pacification, der der Nation den Beweis gebe, daß in der Sache Ernst geschehen soll". *Haza* schließt mit dem Wunsch:

„Möge Ihr Auftreten unter uns dem Terrorismus ein Ende machen".

Hatte sich neben Anarchie in der Bevölkerung noch im April ein Gegeneinander in der Führung zwischen dem Kommissar *von Willisen* und dem Kommandierenden General *von Colomb* abgespielt, wird *Willisen* von der Regierung unter *Camphausen* und *Arnim* gestützt und findet *Colomb* stillen Rückhalt beim König, kann das Chaos nicht so rasch enden; noch am 15. Mai beschwert sich der polnische Abgeordnete der Preußischen Nationalversammlung *P. Schumann* in einem in einer Zeitung abgedruckten Brief an Pfuel „über die terroristischen Zustände im Lande, hervorgerufen von den deutschen Horden aus Grocholno und von den Militärs in Exxin vom 21. Landwehrregiment, die wahre Menschenjagd gehalten", und empfehlen Deutsche in der Posener Zeitung, Dörfer oder Städte von Insurgenten „bis auf den letzten Ziegel niederzubrennen", nachdem man „der Bevölkerung den ruhigen freien Abzug gegeben habe".

Pfuel, dem es im Gegensatz zu dem liberaleren, aber schwächeren *Willisen* gelingt, den preußischen Truppenführer, General *von Colomb*, zurückzuhalten, kann „suaviter in modo, fortiter in re" schon in der ersten Maihälfte Erfolge aufweisen. Durch sein Manifest vom 5. Mai hatte er den Dialog mit der polnischen Bevölkerung aufgenommen. Am 13. Mai rechtfertigt er sich in der Posener Zeitung vor den deutschen Landesbürgern für seine liberale Haltung. Anlaß ihrer Kritik ist sein Vorschlag, *Mieroslawski*, der sich nach seiner Freilassung aus der Berliner Haft führend auch an diesem Aufstand beteiligt hatte, nach seiner Kapitulation freies Geleit durch Preußen nach Frankreich zu gewähren. Pfuel hatte Grund, den Deutschen in Polen diese beschwichtigenden Maßnahmen deutlich zu machen, denn die Deutschen betrachteten seine Beziehung zu den liberalen Kreisen Berlins skeptisch, die Beziehungen zu *Varnhagen*, zu *Bettina von Arnim*, die sich *Mieroslawskis* während seiner Berliner Gefangenschaft angenommen und die zur „Polen-Frage" eine Broschüre verfaßt hatte.

Ruhe ist in der Provinz – nach einer Woche! – noch nicht eingekehrt. Die Behandlung der Kapitulation *Mieroslawskis* widerspricht aber der Befürchtung *Hazas*. Bereits am 23. Mai kann Pfuel in einer Proklamation„An die polnischen Landleute" das Ende der Feindseligkeiten feststellen! Er bedeutet den Bauern und Landarbeitern, die zum Kampf gegen die Deutschen und die Preußen ihre Sensen „gerade geschmiedet hatten", daß der Aufruhr durch „fremde" und „zum Tode verurteilte" Subjekte provoziert gewesen sei, die zusammen mit Priestern den Aufruhr gefördert hätten. Gegen diese Details der Proklamation wenden sich jedoch umgehend polnische Mitglieder der Preußischen Nationalversammlung in Berlin, unter ihnen *Potworowski,* und geben zu bedenken, daß unter „Fremden" doch wohl diejenigen „unglücklichen Polen, welche die schönsten Jahre ihres Lebens im Exil verleben mußten", zu verstehen seien und unter den zum Tode Verurteilten jene „politischen Gefangenen, welche auf Verwendung des Berliner Volkes von seiner Majestät selbst in Freiheit gesetzt und ihrem Vaterlande wiedergegeben wurden".

Diese Gegenerklärung erschien am 31. Mai offen in der Zeitung. Ebenso wie polnische Politiker den Bericht General *von Colombs* über die Schlacht von Miloslaw in Nr. 115 der Vossischen Zeitung über die Truppenzahl, mit der die Polen kämpften, richtigstellen konnten.

Nicht einmal drei Wochen hatte Pfuels verständiges und energisches Wirken als preußischer Kommissar in Posen gedauert, um ein ruhiges Miteinanderleben der deutschen und polnischen Nationalität wiederherzustellen. Hätten die Polen dies als Niederlage empfunden, hätte ihr Stolz ihnen das weitere Mitwirken in der Preußischen und in der Deutschen Nationalversammlung verboten. Doch sie arbeiteten in beiden Parlamenten weiter an einer liberalen Entwicklung Preußens und des Deutschen Bundes.

Auf der polnischen Seite lief diese revolutionäre Episode aus mit der Teilnahme der Posener Polen am hauptsächlich von österreichischen Slawen beschickten Slawen-Kongreß in Prag vom 2. bis 12. Juni – an dem als einziger Russe der Anarchist *Bakunin* teilnahm. In Berlin erregte sich die konservative Hofpartei am 5. Juni darüber, daß das Ministerium *Camphausen* zum Rücktritt entschlossen war, falls der General *von Colomb*, unter dessen Oberbefehl die Brandmarkung der polnischen Gefangenen geschehen war, nicht verabschiedet würde. Am 15. Juni hatte Pfuel den Belagerungszustand von Posen aufgehoben. Der Bürgerkrieg war beendet.

Das Ministerium Pfuel im Herbst 1848

Pfuel war aus Posen noch nicht zurückberufen, da dachte der König schon an eine neue Aufgabe für ihn. Als Ende Mai die Regierung *Camphausen* zurücktreten wollte, sah er für Pfuel in einem neuen Kabinett das Kriegsministerium vor. Das alte Ministerium hielt sich jedoch. Pfuel bekam den Auftrag, zu dem er eigentlich schon Mitte April aufbrechen sollte: dem russischen Zaren in Petersburg die Haltung Preußens in Polen zu erklären. Aus der Erfahrung der gelösten Aufgabe konnte Pfuel jetzt kompetenter Erfolg und Sinn der toleranten preußischen Pazifizierungspolitik darstellen. Zusätzlich hatte er dem russischen Herrscher auch die Lage im übrigen Deutschland und die Politik Preußens in der schleswig-holsteinischen Frage nahezubringen.

Im Sommer 1848 blieb es in Deutschland unruhig. Die Deutsche Nationalversammlung, die seit dem 18. Mai in Frankfurt tagte, und die Preußische Nationalversammlung, die eine Woche später eröffnet worden war, wiesen zwar den Weg zu weiterer freiheitlicher Entwicklung. Unruhe und Erregung dauerten aber besonders in den Residenzen und größeren Städten an. Im Mai hatte es in Wien einen zweiten Volksaufstand gegeben, im September revoltierten die Frankfurter.

Als Anfang August *Friedrich Wilhelm IV.* zum Dombaufest nach Köln reiste, schickte er Pfuel nach Frankfurt, um sich von ihm über die Arbeit des deutschen Bundesparlamentes unterrichten zu lassen. Zurückgekehrt versuchte Pfuel, wie so viele mehr deutsch als im engeren Sinn preußisch denkende Politiker und Militärs, den König zur Übernahme der Kaiserkrone zu bewegen. Aber *Friedrich Wilhelm* antwortete ihm mit seinem bekannten: „Nein, niemals! Ich weiß, wer ich bin, ich bin in Deutschland nicht der Erste und nicht der Letzte, ich bin der Zweite, aber Habsburg ist der Erste!"

In dieser Zeit wuchs die Unruhe erneut in Berlin. Das Ministerium *Camphausen* bestand nur bis zum 20. Juni. Ein Ministerium *Auerswald-Hansemann* folgte. Der Erfolg der Märztage hatte eine latente Revolutionsstimmung hervorgebracht, die nicht wich und die bürgerlich orientierten Kabinette eher von links beunruhigte, als daß sie von der Reaktion bedroht zu sein schienen. Die Gefahr des erneuten Umsturzes oder mehr die Angst davor machte die allgemeinen Verhältnisse unsicher und verschlechterte die sowieso schon traurige Wirtschaftslage. Das Volk machte in Berlin dem König, den von ihm gebildeten Kabinetten, der Stadtverwaltung und ihrer Bürgerwehr in der seit März demilitarisierten Stadt Sorgen und Schwierigkeiten. Demonstrationen folgten auf Demonstrationen, die Straßenliteratur wuchs üppig. Diplomaten fürchteten, im Falle eines neuen Ausbruchs der Volkswut als Geiseln genommen zu werden. Viele siedelten deshalb nach Potsdam über, andere richteten sich auf sofortige Abreise ein. Grundbesitzerfamilien, die in ihren Berliner Stadtwohnungen lebten, zogen sicherheitshalber aufs Land zurück. Wohnungen wurden gekündigt und blieben unvermietet, die Mietpreise stürzten, die Umsätze in Handel, Handwerk und Dienstleistungsgewerbe sanken rapide. Arbeitskräfte wurden billigst angeboten.

Notstandsarbeiter, wie die „Rehberger" und die „Kanalarbeiter", beherrschten, wo es wenig besonnenen republikanischen Anführern gefiel, die Szene. Am 4. Juni fand eine, noch friedliche, Massenkundgebung an den Gräbern der Märzgefallenen im Friedrichshain statt. Am 15. Juni wurde indessen das Zeughaus gestürmt. „Wenn die Hof- und Militärpatina weggekratzt war, merkte man erst das Ärmliche und Proletarische des damaligen Berlin", notierte ein auswärtiger Diplomat.

118

Anfang September verschärfte sich die Lage in Berlin weiter. Nach dem Aufstand in Frankfurt erwartete man auch hier wieder größere Unruhen. Das Ministerium *Auerswald* trat am 8. September zurück, weil es einer Forderung des Parlaments nach Loyalität der Offiziere gegenüber der Verfassung und der Aufforderung an den Kriegsminister, er solle die Offiziere ermahnen, „allen reaktionären Bestrebungen fern" zu bleiben, nicht entsprechen wollte.

Der König berief daraufhin *Hansemanns* Freund und Fachkollegen, den Frankfurter Reichsfinanzminister *Beckerath,* nach Berlin, um ihn mit der Bildung eines neuen Kabinetts zu beauftragen, und setzte sich damit zunächst gegen seinen persönlichen Beraterkreis, die Kamarilla, deren geistige Träger die Brüder *Leopold* und *Ludwig von Gerlach* waren, durch, die „ein militärisches Ministerium" forderten. Es sollte dafür sorgen, daß der Vereinigte Landtag sich vertagte, an einen anderen Ort verlegt und dadurch arbeitsunfähig würde. Dies gäbe die Möglichkeit zur Neuwahl nach einem Wahlgesetz, das nicht jedem Staatsbürger eine Stimme gäbe, sondern eine nach vier Ständen: Rittergutsbesitzer, Bauerngutsbesitzer, Städter, Arbeiter, aufgebaute Nationalversammlung ermöglichte. „Man will Heldentaten tun, alles ist bereit, nur der Held fehlt", schrieb *Ludwig von Gerlach* am 10. September in sein Tagebuch.

Verzweifelt rangen die *Gerlachs* mit dem König um den Inhalt des Begriffs „Konstitution", um das, was eine Verfassung für die Pflichten und Rechte des Königs wie seines Volks bedeuten sollte. Aber während *Ludwig von Gerlach* in der sich anbahnenden Krise nach seiner Auffassung des Königtums von Gottes Gnaden für eine ständisch gegliederte Nation kämpfte, zweifelte er zugleich am Status der Monarchie und der Person seines Monarchen. Ende August finden wir in seinem Tagebuch: „In Sanssouci ist alles wie sonst. Woher das Recht der Könige auf diese Schlösser." Den ihre Vorrechte verteidigenden Adligen bedeutete er, daß ihre Privilegiensucht ein „stinkendes Laster" sei, demgegenüber der Kommunismus durchaus im Recht wäre. Als *Beckerath* entschieden erklärte, Errungenschaften der Märzrevo-

Aufhebung der Preußischen Nationalversammlung im Konzertsaal des Schauspielhauses am 9. November 1848. Ende September war die Preußische Nationalversammlung aus der Singakademie in den Konzertsaal des Schaulspielhauses umgezogen. „Das Singspiel ist zu Ende, das Drama beginnt", meinte der Berliner Witz.

lution und die damaligen königlichen Zusagen in sein Regierungsprogramm aufzunehmen, scheiterten am 17. September die Verhandlungen um sein Kabinett.

Nun rief der König Pfuel zu sich, um ihm die Leitung einer neuen Regierung anzutragen. Er vertraute in der sich verschärfenden Lage auf Pfuels oft bewiesene Loyalität, seine Fähigkeit zu vermitteln, seinen guten Ruf bei den gemäßigten Liberalen und seine Entschlußkraft. Gleichzeitig ließ er jedoch Pfuels Auftreten mit einer militärischen Demonstration untermalen: Am 13. September war *Wrangel* zum Kommandeur der Truppen in der Mark Brandenburg ernannt worden.

Er hielt am 21. September erstmalig wieder eine Truppenparade in Berlin ab, rühmte in einer Ansprache die Schlagkraft seiner Soldaten, beklagte und beleidigte gleichzeitig die Berliner wegen des heruntergekommenen Zustands ihrer einst so blühenden Stadt. Doch auch Pfuel, der, wie man recht kritisch meinte, nicht genug Tuch auf der Brust besaß, um alle blitzenden Orden mit Anstand unterzubringen, war den Berlinern nicht geheuer.

Am gleichen 21. September wurde der General Ernst von Pfuel vom König zum Ministerpräsidenten und Kriegsminister ernannt. Das Kabinett, von dem *Varnhagen* witzelte, daß es ihm mehr gebildet wurde als daß er es selbst aufstellte, hatte teils konservative, teils fortschrittliche Minister. Pfuel übernahm seine Aufgabe unwillig. Er erwartete eine nur kurze Dauer seines Kabinetts, gestand er *Leopold von Gerlach*. Bereit, den König und das Land in der schwierigen Situation nicht zu verlassen, wußte er zweifellos, daß seine politischen Auffassungen der Hofpartei, der Kamarilla, entgegengesetzt waren.

Ludwig von Gerlach schreibt für den König und für das Ministerium ein politisches Memorial und ein kirchliches. Pfuel kann und will diesem geistvollen, in bestem Sinn moralischen Papier, Charta eines romantischen Konservativismus, nicht folgen. Dazu fehlen der Vorlage zu sehr praktische Hinweise für die bevorstehende Regierungspolitik. Aber auch der liberale Mentor *Varnhagen von Ense*, den Pfuel vergeblich als Außenminister vorschlägt, liefert dem General zwar kritische Hinweise, aber keine brauchbare Anleitung zur Kabinettsführung und zum Umgang mit der unruhigen Nationalversammlung.

Als diese in jenen Tagen aus der Singakademie in den Konzertsaal des Schauspielhauses am Gendarmenmarkt umzieht, sagt der Berliner Witz: „Das Singspiel ist zu Ende, das Drama beginnt." Ein Flugblatt von „Berliner Demokraten" nennt am 22. September das Ministerium Pfuel das „Ministerium der bewaffneten Reaktion", das es im Sinne der Kamarilla auch sein sollte, de facto aber nicht war.

Pfuel gelang es jedoch, durch seine Regierungserklärung die Situation zu entspannen und das Verhältnis zwischen Regierung und Nationalversammlung zu verbessern. Er betonte vor der Versammlung, daß er die Rechte und Würde der Krone verteidigen werde, daß er aber auch „fest entschlossen sei, auf dem betretenen konstitutionellen Wege zu verharren, die erworbenen Freiheiten zu bewahren, alle reaktionären Bestrebungen zurückzuweisen, in allen Zweigen des öffentlichen Dienstes für Befolgung der konstitutionellen Grundsätze Sorge zu tragen, die Rechte und Freiheiten des Volkes heiligzuhalten". Auf „ellenlangen Bogen an den Straßenecken angeschlagen und schleunigst durch das ganze Land gesandt", erlosch unter diesen Erklärungen die auch in Berlin aufflackernde Aufstandsstimmung. Agitatoren war erst einmal das Wasser abgegraben.

Zunächst griff Pfuel den Loyalitätserlaß an das Miltär auf, an dem das vorige Kabinett gescheitert war. In seiner Eigenschaft als Kriegsminister erließ er bereits vier Tage nach Antritt seines Amtes an die kommandierenden Generäle einen Befehl – dazu brauchte er weder Kabinett noch Nationalversammlung –, der sie aufforderte, „reaktionäre Tendenzen in der Armee nicht zu dulden und das gute Einvernehmen zwischen Zivil und Militär nach Kräften zu fördern". Alle Parteien der Nationalversammlung waren zufrieden, die Presse lobte. Militär und weite Kreise des Adels, reaktionär eingestellt, gerieten in offene Wut. Das diplomatische Korps der deutschen Fürsten zeigte sich betreten.

Der König geriet in eine halb gereizte, halb niedergeschlagene Stimmung. Pfuels erläuternde, beschwichtigende, ja sogar tröstende Erklärungen – nämlich, daß die Linke zurückgedrängt sei – nahm er nicht an. Dagegen wich das Mißtrauen der Demokraten gegenüber dem neuen Ministerium. Was dies dann jedoch, mit der Nationalversammlung kooperierend, innerhalb von weniger als einem Monat dem König an fortschrittlichen Gesetzesvorlagen bot, rief den schärfsten Widerstand nicht nur in der Kamarilla, sondern auch weiter konservativer Kräfte in Berlin und Preußen hervor und brachte schließlich den König völlig in das Lager der konservativen Gegenpartei.

Ein guter Auftakt für das Ministerium war, daß es den Entwurf des noch vom vorigen Kabinett Ende August verabschiedeten Gesetzes über die persönliche Freiheit (Habeaskorpusakte) dem König vorlegte. Der stimmte zu. Auch das Jagdgesetzt sanktionierte der König. Dieses Gesetz hob die allgemeinen feudalen Jagdrechte des Großgrundbesitzes entschädigungslos auf. Künftig durfte jeder nur auf seinem eigenen Grund und Boden jagen oder ihn zur Jagd verpachten. Hier fand sich das Ministerium in einer Linie mit der Kamarilla der *Gerlachs*, denen die Eigensucht der besitzenden Stände höchst zuwider war. Die Loyalität der adligen wie bürgerlichen Großgrundbesitzer gegenüber *Friedrich Wilhelm IV.* geriet über dem Gesetz jedoch ins Wanken.

Beim Jagdgesetz hatte der Kreis um den König gerade noch mitgemacht. Aber für die weitere Arbeit des Ministeriums galt, was der General *Heinrich von Brandt*, Staatssekretär in Pfuels Kriegsministerium, feststellte, „daß alles, was die Minister mit des Königs Willen durchsetzten oder nachließen, stets durch die Camarilla wieder rückgängig gemacht ward". Dies sei der Grund, „warum wir bei uns in so kurzer Zeit so viele entschiedene Rechte jetzt auf der Linken sahen". Und dadurch erklärt sich, warum kritische Abstimmungen über Vorlagen wie den Verfassungsentwurf, die Abschaffung der Formel „Von Gottes Gnaden", die Gesetzesvorlagen zur Abschaffung von Adel, Titeln und Orden rasch und mit großer Mehrheit durchkamen, obwohl die republikanische Linke in Wirklichkeit äußerst schwach war.

Die Kamarilla argwöhnt zu enge Beziehungen Pfuels zu *Varnhagen*. Mit einem Billett ermahnt der König Pfuel. Der schreibt am 2. Oktober, seinen Freund verteidigend, zurück: „ … übrigens ist er kein Republikaner, sondern ganz für konstitutionelle Monarchie, und ebenso ist er überzeugt, daß Deutschland nur durch Preußen zur Einheit geführt werden könne". Doch in Potsdam macht man Pfuel nicht nur *Varnhagen* zum Vorwurf, man erinnert sich nun, daß er schon als junger Offizier, als Leutnant in des Königs Regiment, Sympathien für die französische Revolution gezeigt habe. Die Reise mit *Kleist* in die Schweiz und nach Paris wird zum schweren Vorwurf. Wie sehr aber die Reaktion aus ihrer Sicht sich im Recht fühlen durfte, finden wir in *Varnhagens* Tagebuch am 7. Oktober: „Pfuel habe vertraulich gesagt, die reinste und vernünftigste Staatsform sei allerdings die Republik! Er selbst sei in abstracto ein Republikaner."

Die Nationalversammlung tritt fast täglich zusammen. Das Kabinett folgt, begleitet, initiiert. Pfuels zehn als bevorstehend oder als abzuschließen bezeichnete Gesetzesvorlagen, dazu die „Amnestie für alle politischen Verbrechen in der Provinz Posen", als Wichtigstes aber die Vereinbarung der preußischen Verfassung und in der äußeren Politik das Eingreifen „in die endliche Regulierung der deutschen Verfassung" stehen auf dem Programm. Vereinigter Landtag und Kabinett wissen um den Staatsstreich, auf den die Kamarilla zutreiben will. Es gilt, an fortschrittlichen Ideen das, was nicht durch Abstimmungen und Gesetzesvorlagen rettbar erscheint, wenigstens als vorgelegt und debattiert aufzuzeigen. Die Minister arbeiten bis an die Grenze ihrer physischen Möglichkeiten.

Anfang Oktober wird die Abschaffung der Todesstrafe weiter behandelt. Mit gewissen Ausnahmen – bei Vater-, Mutter- und Königsmord – will der König ihr zustimmen. Die *Gerlachs* sind entsetzt. Nötig sei „Veränderung der ganzen Ministerii und des Systems, dann sei weder von Todestrafe noch von Jagd-Gesetz etc. speziell mehr die Rede, sondern vom Krieg".

Aber als bei der am 12. Oktober beginnenden Debatte über den Verfassungsentwurf das Ministerium die Abstimmung eines Antrages zuläßt, nach dem die Königsformel „Von Gottes Gnaden" zu streichen sei, ist es mit der Zuneigung des Königs für Pfuel endgültig zu Ende. Schon am 7. Oktober gerät der König mit dem Ministerium aneinander, das die von ihm erteilte Aufgabe, „Ruhe und die gesetzliche Ordnung wiederherzustellen", nicht durch Gesetzesüberschreitung oder willkürliche Gesetzesdeutung erfüllen, sondern bestrebt sein wollte, „die Vollendung des Verfassungswerkes zu fördern". Unmittelbar nach dieser Audienz schreibt Pfuel aus der Wohnung seines Sohnes *Wolf* in Potsdam dem König: Wenn „Sie diese Verfassung, so wie sie Ihnen im Entwurf vorliegt, niemals unter keiner Bedingung annehmen würden ... ich es mit meinem Gewissen nicht mehr verträglich halte, in meiner gegenwärtigen Stellung zu verbleiben; ich würde, wenn ich bliebe, mit mir selbst in Zwiespalt geraten und schwerer Anklage vor mir selbst nicht entgehen". Er bittet um Genehmigung seines Rücktritts.

Im persönlichen Gespräch drängt der König seinen Minister, um ihn zum Bleiben zu bewegen: „Ein General der Infanterie und Ritter des Schwarzen Adlerordens verläßt seinen König nicht." Pfuel erwidert, daß er auf dem Schlachtfeld stets dem König zur Seite bleiben werde. Aber als Minister solle er seine Überzeugung aussprechen und vertreten. Er müsse ausscheiden, wenn seine Denkungsart den Handlungen, die man von ihm verlange, widerspräche.

Die Kamarilla und die Generalität am Hofe des Königs wünschen die steigende Konfrontation als Vorwand für einen Staatsstreich. Das Ministerium aber setzt seinen Kurs fort: Zu verhandeln, zu vermitteln und keinen Anlaß für einen Aufstand zu gestatten. Trotzdem kommt der Konflikt im Zusammenhang mit der Behandlung des Gesetzes über die Bürgerwehr, einer freiwilligen Truppe in der Stadt, die Terror von links unterdrücken ebenso wie militärische Besetzung der Stadt verhindern soll, Mitte des Monats zum Ausbruch.

Zu einer Ansprache, die der König am 15. Oktober, seinem Geburtstag, halten will, verweigert das Ministerium seine Gegenzeichnung und wiederholt, daß es „auf der betretenen konstitutionellen Bahn fortzuschreiten" gedenke. „Mit diesem Grundsatze finden wir es unvereinbar, wenn in der von E. M. uns zugefertigten Ansprache die königliche sowie alle obrigkeitliche Gewalt lediglich von Gott abgeleitet wird". Diese Standhaftigkeit veranlaßt den König beim Geburtstagsempfang im Schloß Bellevue zu schärfsten Äußerungen gegen das Ministerium und die Bürgerwehr.

Nachdem am 6. Oktober 1848 in Wien ein dritter Volksaufstand ausgebrochen war, wurde es auch auf den Straßen Berlins wieder zunehmend unruhig. Zumal der Wiener Aufstand für die Demokraten zunächst äußerst erfolgreich war.

Am 16. Oktober, unter dem Eindruck der Geburtstagsrede, werden in Berlin wieder Barrikaden gebaut, tritt die Bürgerwehr gegen demonstrierende Arbeiter an. Fünf Männer sterben. Als erster fällt der Arbeiter, der auf einer Barrikade in der Roßstraße die rote Fahne hält. Arbeiterschaft und Bürgerwehr stehen gegeneinander. Pfuel und sein Ministerium rechnen jedoch mit Beruhigung. Der Ministerpräsident weigert sich, der Potsdamer Forderung nachzugeben und den Belagerungszustand zu erklären. Zur Entspannung trägt weiter Pfuels Genehmigung bei, am 20. Oktober die Särge der fünf Gefallenen auf der Estrade des Opernhauses aufzustellen und von dort Reden halten zu lassen.

„Das Staatsministerium hat sich nicht veranlaßt geglaubt, hier militärisch einschreiten zu lassen", meldet er dem König. Und über die Toten der anderen Seite schreibt Pfuel: „Die Beerdigung der gebliebenen Bürgerwehrmänner ist ruhig vonstatten gegangen, und es hat einen guten Eindruck gemacht, daß sich viele Offiziere zu der ernsten Feier eingefunden hatten."

126

Ein zweiter 18. März in Berlin war verhindert, aber das erschöpfte Ministerium erklärte dem König geschlossen seinen Rücktritt unter Hinweis auf die Geburtstagsrede. Obwohl vom König dringend aufgefordert, weigern die Minister sich, statt mit Pfuel mit dem von *Leopold von Gerlach* eiligst aus Breslau herbeigeholten *Grafen von Brandenburg* zusammenzuarbeiten. Pfuel und seine Minister sind lediglich bereit, bis zum Antritt der Regierung *Brandenburg* im Amt zu bleiben. Sie bringen gegen den Druck der Straße das Bürgerwehrgesetz durch, lassen es am 20. Oktober vom König vollziehen.

Der Gedanke des Präsidenten der Nationalversammlung, *Hans Victor von Unruh,* aus dem Parlament dem König ein neues Kabinett anzubieten, scheiterte mit neuen Unruhen am 31. Oktober. An diesem Tag nahm die Preußische Nationalversammlung mit 261 gegen 52 Stimmen eine außergewöhnliche Resolution an, daß „die in deutschen Ländern Österreichs gefährdete Volksfreiheit … in Wahrheit und mit Erfolg in Schutz genommen und der Friede hergestellt werde". Dieser Beschluß wandte sich eindeutig gegen die Habsburger Monarchie, setzte sich für eine demokratisch-republikanische Entwicklung im Süden des Deutschen Bundes ein.

Bei der Abstimmung hatte sich der Ministerpräsident von Pfuel in die Versammlung begeben und als Abgeordneter des Kreises Birnbaum mit „Ja" gestimmt – zum erneuten Entsetzen in Potsdam. Am 2. November erreichte Berlin die Nachricht der Unterwerfung Wiens durch General *Windischgrätz* mit seinen kroatischen und tschechischen Truppen.

Die Debatte im Konzertsaal des Schauspielhauses über die Unterstützung der „Volksfreiheit" in Wien war begleitet von einer Massendemonstration auf dem Gendarmenmarkt, die bedrohlichen und für das Parlament erpresserischen Charakter annahm. Erregte Volksmassen füllten nicht nur den Platz, sondern das ganze Stadtviertel. Der Haupteingang des Theaters war von Maschinenarbeitern mit roten Fahnen besetzt. Als die Sitzung, in der Pfuel, aufrecht seine Gesinnung vertretend, für

Herr Pfuel

is een braver Mann,
der seine Schuldigkeit gedhan!

Graf Brandenburg,
ach geh zum Küster, dir will hier Keener als Minister.

Eene Leichenrede,
bei'n Abtritt von'e Ministerium Pfuel jehalten von
Ullo Bohmhammel,
Vize-Jefreiter bei de Börjerwehr.

Hier sell'n je man de Sarg her. Alle Leidtragende, un denn beten je ruhi. Vaterunter, id wer damwile die Leichenpredigt halten. Es hier dichte neben Ausscheiden unt Pauppbauden, und denn bubbeln se man gleich dubenneben um. Hoch vor'l nächste Menisterium. Nu fanat's jeht jehn.

Ueber det Verscheiden von Vater Pfueln sind die Ansichten verschieden.

Ich schiebe mir an die Ansicht von de Majorität, un bitte ihm Abend ab, mat id ihm Unrecht jethan habe. Za meine Jelebten! laßen se unt de Manchet aus de Versammenheit dotet allen draren. Jedenfalls (um wezel reisen zopolch) mit hülierthen auset Gedächtniß deren! Taßen it und bedenken, dez wir Alle fehlerhafte Menschen sind, un brawme Entrebe hat schenkt Zeter wen und sein Lebdage jenug jemadt, un wenn et wohl

die Weisheit von Jottes Jnaden

aus Eipigklar jetrunken hätte —

Unsre Majoriom seht Rathsle, id weeß nich gleich welches Kapitel, wo et also lautet: In de Kriegsfreide trauen zu ihm, un fragen: "Bist du nich ooch Zener von unse Seete?" Er aber verleuchnete sie. Un sie treten abermahl zu ihm, un tragen beschängendglichend, un er antwortete, biso wie det erschkenut Un zum trittenmahle biso zwislime. — Da sag der golden Hahn of die Schloßfreiheit jämmerlich an zu fraden, un sagte: "Worum haft du mie det jedahn?" — Er aber sagte:

Ick lasse keene Soldaten rin.

Darof legte er sein Vorfelch nieder un mat doot. Det Volk aber jubelte ut mant ihm enem borderdang, den id doet biermit ut sein Sarg lege: "Meine Jelebten — In de Mitge von's Menisterium Pfuel lag een Saulus, wie behalten ihm heute als eenen Paulus — Lassen Sie un mit eenen Choe von de schenne Lied singen:

Besehre Herr ooch andre Herzen
Sanft müssen wir noch eenemnal märzen!
un denn wer id noch een Choe jestlige Jetaufen an det Jhäjenium knüppern.
(Schütterreujer Choe. Bohmhammel singt Bast!)

Jetzt meine Jelebten laßen Sie und egliche Blicke zurüd schwerjen ut die jünge Verzangenheit, de gehört mit in meine Predigt, denn mit die jünge Verfamenheit isser ganz Anzßt un n' eene Seele. Was id in legter Zeit nich Aulens, eene langsamen oder jewaltsamen Doot jestorben.

Drei Ministeriums haben wir schon begraben.

Eenes mat den Uebergang wollte, id an Vermittelungsbetriebe jestorben, det andere entwer sein thatenreichel teben, an That und Jatfreigkeit, un mat wer braute zu Rede bestatten. Det sich der Kopp an die Ramanilla (mie Karte sagt) angreir zerreten. In Vertrauen zu Ihr Regierungen id maunebloet, der Offenheit un jewede Bertzpecheungen hat se Eyen längt zugemacht, die Central Gewalt doot oder chiltot Herre, bie Ranomal Versammelung hat blot ut die Seite wo it Herz iszt een boßen teben; rechts stelt schon lange absterben! — Ach, meine jeliebte Zuhörer! un

---

vor de Freiheit hat Eichmann schon det Sarg bestellt;

un 'ne Ruie bubbeln lassen! — Abers wer Andern eene Jrube graden dhut, falle selber rin. — Wernen se mich, meine liebste Leidtragenden! — Noch is nich Allens verloren!

Noch lebt Wrangel und Brandenburg

noch lebt der alte Hochmuth! — Sie schüttein die Köppe? — Fragen je mal die Deputation von de National-Versammenung, wie se ufgenommen wer'n is. — us — id kann ma nich jenig of die Ort besinnen. Abers der jroßte Troft wer'l Volk id, det de Seelen ooch noch leben. Den Herr Brandenburgen wer'n wir der Deputation von det Jenwerf entjegen schicken, aber nich mit 'ne weiße Fahne; der id Bruif denkt noch wieder, det id die weiße Republik, un dei Bonie ren neuet Muperchandens geben nur doch vor eenige Dage mit 'e Baschmenbauer. Meine Herrschaften mal wirkt in die nächste Zeit vor sich jehn? —

Die Kammer hat sich schon mal im pertinent erklärt

wer Karoe sagt, der Volk macht unbermilde Jelujfer, un mal bei Schlimmile is wer Ihr'n meine Herren, id will gar keen Pulvel mehr fehn. Volk un Bürjerwehr zusammen zu hezen. Wenn je sich ooch mal'n bißen bubbeln, den andern Dag vertragen fe sich wieder. Det hat vor Sie meine Herrschaften, schlechte Andlichen.

Aber schmerzbrett! so'ne Leichenrede wird mir sauer. Machen je mal Kele Jelüfter! Kaf — Nich? — Sie da mit de hochgerechte Keese! —

Wien is in Jrund un Boden geschossen.

Ha! ha! ha! Da hachen Sie alle miander, grade wie die Körperd, un Reb feschet un Meienbachend nenn je hören, det bei unt die Belunen schon an't Thor stehn.

Nu bin id ooch mit eenemal so luchig jewor'n, id machte mit euch Alle sos'n rechten reutliden Kutichei danzen; id scheidt sich man nich hier bei'e Leiche, aber die Musikanten sind schon bestellt, wie danzen nächstens eenen tüchtigen Hopser zusammen —
Nu mut id oder mit Jrwehr, un Sie sind ja woll zu de Schweinejagd ingeladen? — Wünsche ville Vergnügen! Hüten Sie sich aber, det Sie keenen Beek schießen!

Hier Vater Fuel leg' id Dir den Lorbeerkranz uft Sarg; Du haften verdient!

Betriegen wollte se mich, un heilen kunnte und mich — da danke id — Ülle ebliche Hau! Wir haben die verlantu — nimm't nich übel! — Wer Ihn meine Herren see' id Strohkranz flechten laßen Behalten Sie mir in jutes Andenken, un

jrüßen se Herr Brandenburgen.

Wenn er kommt, kann id eene kolossale Illummation geben — denn der Mann, is keen Mann, wo keenen Mann, den Mann kennen mir — Pauktum.

die Wiener Revolutionäre gestimmt hatte, um 10 Uhr nachts zu Ende ging, mußte Bürgerwehr den Abgeordneten den Weg durch die aufgebrachte Menge freimachen. Es gab Mißhandlungen und tätliche Beleidigungen. Pfuel rettete sich in die nahegelegene Wohnung des linken Fraktionsführers, des Assessors *Jung.* Das wurde am Hof als Desertation aufgefaßt, zumal der Ministerpräsident dort mehrere Stunden, bis die Unruhe abgeflaut war, blieb, Tee trank und mit der Familie *Jung* plauderte – vielleicht demonstrativ.

Als Pfuel am 1. November dem Präsidenten *Unruh* seinen bisher geheimgehaltenen Rücktritt mitteilte, erschien er dem Hof und der Kamarilla in Potsdam vollends als Verräter.

Der Tumult am 31. Oktober war vergleichsweise ruhig und ohne jedes Opfer gewesen. Aber er bot dem König den Anlaß, das Kabinett *Brandenburg* einzusetzen. Der liberal-konstitutionelle Weg in Preußen war damit versperrt. Am 9. November ließ der König die Nationalversammlung in Berlin vertagen und zum 27. November nach Brandenburg berufen. In Brandenburg kam die Nationalversammlung nicht mehr in beschlußfähiger Zahl zustande, so daß der König am 5. Dezember ihre Auflösung befahl. Am 10. November war *Wrangel* in Berlin eingerückt, ohne Widerstand zu finden. Der Belagerungszustand wurde erklärt, die Bürgerwehr entwaffnet.

Der General von Pfuel reichte dem König ein Gesuch um Urlaub ein. *Leopold von Gerlach* empfahl dem königlichen Generaladjutanten *von Rauch,* Pfuel aus dem Militär zu entlassen: „Pfuel verabschieden!", „*Willisen* beseitigen", riet er dem König. Pfuel bat um einen sechswöchigen Urlaub. Als ihm daraufhin sechs Monate erteilt wurden, erkannte der General den königlichen Unwillen. Er nahm seinen Abschied und zog sich auf das Gut Randau bei Magdeburg zurück.

Unter den Gästen der Tafel *Ferdinand Lassalles* in der Bellevuestraße erwähnt der Dichter *Ludwig Pietsch* den 77jährigen Pfuel, „eine vom Alter ungebeugte eisenfeste Gestalt mit scharf gemeißeltem, blauäugigem, schnurrbärtigem Antlitz und schneeweißem, ganz unmilitärisch getragenem vollen Haar."

Urteil und Ausklang

„Möge Gott E. M. Entschlüsse in einem Augenblicke lenken, der mir der entscheidendste zu sein scheint, den Preußen erlebt hat." Mit diesem aus heutiger Sicht prophetischen Satz hatte sich am 20. September 1848 Pfuels Vorgänger *Auerswald* vom König verabschiedet. In den dann folgenden sechs Wochen zeigten sich, wie in Zeitraffung, Wege des Fortschreitens wie radikale Gefährdung demokratischer Politik. Der Staatsstreich der ersten Novembertage brachte die Wende. Zum Straßenkampf rafften sich die Berliner nicht mehr auf. Doch auch die Kamarilla hatte nichts vorzuweisen. Zwar hatte sie den Sturz des „Systems" bewirkt, aber sie blieb eine Verfassung, die das Verhältnis zwischen König, Regierung und Parlament regeln konnte, schuldig. Sie lieferte nur allgemeine konservative Verfassungsgrundzüge, die Praxis überließ sie *Brandenburg* und *Wrangel*.

Inkonsequenz war die Folge: *Friedrich Wilhelm IV.* oktroyierte der Nationalversammlung am 5. Dezember den nur wenig abgeänderten Verfassungsentwurf des liberalen Abgeordneten *Waldeck*. Folgerichtig aus ihrer Sicht ging die Kamarilla daher schon im Dezember auch gegen das neue Ministerium in Opposition.

Wenn die Geschichtsschreibung die Kamarilla des September und Oktober 1848 verantwortlich nennt für die spätere reaktionäre und unglückselige Entwicklung Preußens und Deutschlands, so fällt es schwer, zu widersprechen. Zwar kämpfte *Lud-*

wig von Gerlach mit der von ihm gegründeten Kreuzzeitung und der Konservativen Partei, die er für ein Jahrzehnt bis 1858 führte, für eine wenn auch ständische, so doch soziale Gesellschaftsordnung. Schon im September 1848 hatte er preußische Junker anläßlich der Gründung der Konservativen Partei über die Verpflichtung des Eigentums belehrt und als „einziges Mittel gegen den Kommunismus" empfohlen, „daß die höheren Stände ihre Vorzüge als ein ihnen anvertrautes Gut für ihre Nebenmenschen ansehen". Sein und seiner pietistischen Freunde Idee eines Staatswesens, das Ausgleich und Verständigung zwischen den Ständen gewährleisten sollte, unterlag jedoch nach 1858 dem reaktionär-konservativen Klassendenken der Industrialisierungs- und Gründerzeit.

Die Beurteilung des Ministeriums Pfuel war, wie nicht anders zu erwarten, von vornherein gespalten. Hatte *Fontane* noch am 12. Oktober 1848 in einem Brief an seinen Freund *Bernhard von Lepel* „die Bildung des in allen seinen Elementen als v o l k s f e i n d l i c h bezeichneten Ministeriums Pfuel" als der öffentlichen Meinung hohnsprechend bezeichnet, so finden wir bald, nach besserer Einsicht, die Schriftsteller des „Jungen Deutschland" und mit ihnen auch *Fontane* auf der Seite Pfuels.

Für Pfuel und seine Minister gilt, daß sie im September und Oktober gemeinsam mit dem Landtag einen zweiten Aufstand und ein zweites Blutvergießen in Berlin vermeiden konnten, eine Konfrontation, wie sie sich die Militärpartei in Potsdam wie die extreme Berliner Linke, jede auf ihre Art, nach Wiener Vorbild wünschten. Mit einem Arbeitseinsatz, der bis zu äußerster körperlicher Erschöpfung führte, hatten die Minister nicht nur Menschenleben gerettet und damit politischen Kredit erworben. Sie hatten vielmehr eine freiheitliche Verfassung diskutieren lassen, die allein wegen ihrer Veröffentlichung nicht mehr zu umgehen war. Für die zahlreichen fortschrittlichen Gesetze war die Vereinigung von Präsidium und Kriegsministerium in Pfuels Hand ein Vorteil. Er unterband als Kriegsminister militärische Maßnahmen, die seine Politik als Ministerpräsident bedrohten, hinderte *Wrangel*, mit seinen Truppen in Berlin einzumarschieren, was Mitte Oktober die schlimmsten Folgen für die Hauptstadt gebracht hätte.

Schmidt-Weißenfels, 1848 Sekretär der Preußischen Nationalversammlung, Verfasser historischer, biographischer und literaturgeschichtlicher Werke, aber auch Kommentator der parlamentarischen Entwicklung in Preußen und Deutschland, widmet Ernst von Pfuel 1865 in der „Gartenlaube" einen Artikel mit dem Titel „Ein verfassungstreuer Kriegsminister". Er gehört damit zu den ersten, die Pfuels kurze Regierungszeit positiv beurteilen.

Als konservativer Schilderer des Zeitgeschehens meint der Diplomat und Historiker *Alfred von Reumont* indessen drei Jahrzehnte später: damals habe Pfuel „sich überlebt und seine Connexionen" wären „kein besonderes Vertrauen einzuflößen geeignet" gewesen. *Reumont* denkt hier aber nicht nur an den alten liberalen Freundeskreis um *Varnhagen,* zu dem auch *Alexander von Humboldt, Bettina von Arnim* und der skurrile *Fürst Pückler* gehörten, er meint damit auch fortschrittliche Politiker wie den jungen *Lassalle* und rebellierende Literaten wie *Heinrich Heine, Theodor Mundt, Max Ring, Ludwig Pietsch,* jüngere sozial engagierte Schriftsteller, eben das „Junge Deutschland", in deren Mitte der alte Pfuel in den fünfziger und sechziger Jahren des Jahrhunderts Symbol eines Generals mit demokratischer Gesinnung und demokratischer Vergangenheit ist.

Ludwig Pietsch beschreibt den Kreis, wie er sich im Jahr 1857 um *Ferdinand Lassalle* in der Bellevuestraße 13 findet. Zu den Alten an der Tafel in *Lassalles* glänzend ausgestatteter Wohnung gehört der „damals siebenundsiebzigjährige General a. D. von Pfuel . . ., der ehemalige preußische Ministerpräsident im, wie es die Kreuzzeitung nannte, „Ministerium der Schande", . . . eine vom Alter ungebeugte eisenfeste Gestalt mit scharf gemeißeltem, blauäugigem, schnurrbärtigem Antlitz und schneeweißem, ganz unmilitärisch getragenem vollen Haar; straff soldatisch in Haltung und Benehmen, von ungebrochener Jugendkraft, meist streng und ernst im Aussehen; ein Meister des Erzählens aus der

Fülle seiner bis in die französischen Revolutionskriege zurückreichenden Erinnerungen."

Auch *Fontane* berichtet aus *Lassalles* Salon, worin „sich nunmehr ein halbes Jahrzehnt lang ein nicht unbeträchtlicher Bruchteil unserer damaligen Gesellschafts- und Geisteselite zusammenfand. Ob solche Versammlungen, in denen der Respekt vor dem „Esprit" alle Rang- und Standesverschiedenheiten ausglich, heute noch möglich wären, stehe dahin." Als zu diesem Kreis gehörend nennt *Fontane* wieder Pfuel, den *Fürsten Pückler,* den Hofrat und Literaten *Friedrich Förster, Varnhagens* Nichte *Ludmilla Assing,* die sich die Herausgabe des literarischen und histographischen Lebenswerkes *Varnhagen von Enses* zur Aufgabe gemacht hatte, den Verleger *Franz Duncker* mit seiner Frau, den Schriftsteller *Ludwig Pietsch,* den Bildhauer *Reinhold Begas.*

Pfuels eigene Aufzeichnungen über seine Ministerpräsidentenschaft gingen 1945 mit dem Jahnsfelder Familienarchiv zugrunde. Sie hätten zur Aufhellung der Geschichte des letzten preußischen demokratischen Kabinetts im Jahre 1848 beigetragen. Die geschichtswissenschaftliche Auswertung seiner Notizen und Korrespondenzen hatte jedoch *Kaiser Wilhelm II.* der Familie Pfuel untersagt: Der Nachlaß des Generals und Ministerpräsidenten sollte nicht vor seinem eigenen Tode veröffentlicht werden, wegen der „liberalen und demokratischen Anschauungen der Briefeschreiber" – *Friedrich Wilhelm IV.* und Ernst Pfuel. Angesichts dieser hohenzollernschen Einflußnahme wirkt beachtenswert, wenn 1887 in der „Allgemeinen Deutschen Biographie" eine wohlwollend-kritische Darstellung Pfuels erschien, die sogar die Grundthesen seiner Regierungserklärung zitierte. Die Geschichtsschreibung der Weimarer Zeit und unserer Tage lobt Pfuels Geschick, militärische Schritte zu vermeiden oder zu begrenzen – wie in Neuchâtel 1831, in Köln 1837, Berlin und Posen 1848 – und der Argumentation zwischen gegnerischen Parteien Raum zu lassen. *Veit Valentin* hebt in seiner „Geschichte der deutschen Revolution 1848/49" Pfuels eigenständiges Verhalten zwischen März und Oktober 1848 angesichts der erstarkenden reaktionären Kräfte hervor. *Konrad Feilchenfeldts* Arbeit über „*Varnhagen von Ense* als Historiker" aus dem Jahr 1970 erkennt Pfuels Tapferkeit und Konsequenz im Revolutionsjahr 1848 an.

1854 war Pfuel, vierundsiebzigjährig, nach dem Tode seiner zweiten Frau, wieder nach Berlin zurückgekehrt. Der Kreis der Jugend und des Jahres 48 lebt noch einmal auf mit *Varnhagen, Alexander von Humboldt* und *Bettina von Arnim.* Schwungvoll stürzt Pfuel sich wieder in das geistige Leben Berlins. Er ist Mitglied der Philosophischen Gesellschaft, hört Vorträge über Dialektik und über Rechtsphilosophie – auch *Lassalle* doziert hier. Er gehört der Geographischen Gesellschaft, dem Wissenschaftlichen Kunstverein und der Gesellschaft für neuere Sprachen an, ist im Lesezimmer der königlichen Bibliothek zu finden, den Bilder- und Antikengalerien des Museums, in den naturhistorischen Sammlungen. Im Schachclub gilt er als einer der Meister. Die Varnhagensche Sammlung bewahrt von ihm entworfene Schachaufgaben, die er seinen Partnern stellte. Im Theater läßt er kein neues Schauspiel aus, bevorzugt Shakespeare – erheitert sich aber auch in Wallners Boulevard-Theater oder im Zirkus Renz. *Franz Wallner* gehört zu seinen Freunden. *Wallner* erinnert, ebenfalls in der „Gartenlaube", 1867 mit dem Beitrag „Vom alten Pfuel" an die letzten Lebensjahre des Generals, der zur literarischen Szene Berlins gehörte.

Interesse, Unruhe und Reiselust sind kaum geringer als in seiner Jugend. Er besucht die großen Gewerbeausstellungen in London und Paris, bewundert Erfindungen auf dem Gebiet der Landwirtschaft, der Druckerei, der Weberei, der elektrischen Telegraphie, der Dampfmaschine – vermißt nur ein Gerät, mit dem man fliegen kann, wie er es sich in Wien im ersten Jahrzehnt des Jahrhunderts mit einem Freund ausgedacht hatte. Er reist noch einmal nach Italien, um in Neapel *Garibaldi* zu treffen, für den er als den Befreier und Einiger Italiens größtes Interesse hat. Er erlebt 1860 den triumphalen Einzug des italienischen Nationalhelden in die Stadt, hört seine Rede an die Neapolitaner, spricht mit ihm.

Ein Bild des 85jährigen Pfuel bringt 1865 *Die Gartenlaube.*

Im Oktober 1858 stirbt *Varnhagen*, im April 1859 *Bettina* und noch im gleichen Jahr *Humboldt*.

Bettina Brentano mag ihn zur „Ernst von Pfuelschen Stiftung" zugunsten der Gemeinde Jahnsfelde angeregt haben, der er ein beträchtliches Vermögen zukommen ließ. Ein „mitbestimmtes" Gremium, zusammengesetzt aus Bürgermeister, Pfarrer, Lehrer sowie je einem Vertreter der Gutsarbeiterschaft und der Dorfbewohner, sorgte bis 1945 für die gerechte Verteilung der Erträge dieser Stiftung. Sie dienten zur Unterstützung bedürftiger Familien, der Hilfe in Notfällen, zur Förderung begabter Schüler, zu Verschönerungsarbeiten im Dorf, aber auch als Preise für sportliche Leistungen: Beim „Ernst von Pfuelschen Pfingstfest" gab es alljährlich Wettbewerbe mit Prämien für die besten Sportergebnisse.

Pfuels politisches Interesse führt noch einmal zu Aktivität. Er wird 1858 in das preußische Abgeordnetenhaus gewählt und schließt sich der liberalen Partei an.

Im politischen Geschehen bewegen ihn die Ideen, die er und seine Freunde über ein halbes Jahrhundert als Aufgabe empfunden hatten. Der Freund in der Parlamentsarbeit und liebevoll betreuende Arzt in den letzten Lebensjahren, der Parlamentarier *Wilhelm Loewe*, erinnert an Pfuels politisches Bekenntnis: „Mit der ganzen Arbeitskraft seines langen Lebens hat er sich ... besonders der Lösung der gewaltigen Probleme des nach Einheit und vernunftgemäßer Freiheit ringenden Staates in hervorragender Weise gewidmet. Seine Schwächen waren auch die seiner Zeit. Seine großen und edlen Eigenschaften aber, seine thatenlustige, opferfreudige Vaterlandsliebe, sein stolzer Sinn für die Freiheit, sein ewig reger Wissensdurst, – Eigenschaften, die erst durch sein warmes, teilnahmsvolles Herz und die große Energie seines Willens ihren besonders hohen Wert erhielten, – erhoben ihn weit über den Durchschnitt seiner Zeitgenossen."

Ernst von Pfuel starb am 3. Dezember 1866 in Berlin. Sein Grab ist in Jahnsfelde.

1981: Das Grabkreuz Ernst von Pfuels auf dem Friedhof
in Jahnsfelde. Inschrift auf dem Sockel des Kreuzes:
Sein Gedächtnis wird in der
Geschichte des Vaterlands, für das
sein Herz so warm schlug, nicht erlöschen.

Zeittafel

1771
Geburt Rahel Varnhagen von Ense, geb. Levin
(gestorben 1833)

1777
Geburt Heinrich von Kleist (gestorben 1811)

1779
3. November, *Geburt Ernst von Pfuel*

1785
Geburt Karl August Varnhagen von Ense (gestorben 1858)

1786
Tod Friedrich II. von Preußen, Regierungsantritt Friedrich Wilhelm II.

1789
Französische Revolution

1797
Ernst von Pfuel Fähnrich im „Regiment des Königs" in Potsdam

1803
Pfuel und Kleist *in der Schweiz und in Frankreich*

1806
14. Oktober, Schlacht bei Jena und Auerstedt,
Teilnahme Pfuels als Leutnant,
27. Oktober, Einzug Napoleons in Berlin

1807
Juli, Französisch-Preußischer Friede zu Tilsit,
September, Kleist, *Pfuel*, Rühle von Lilienstern *in Dresden*

1808
Januar, Erstes Heft des „Phoebus" erscheint

1809
Krieg Österreichs gegen Frankreich.
Mai, Schlacht bei Aspern.
Juli, Schlacht bei Wagram.
Friede von Wien-Schönbrunn,
Metternich österreichischer Außenminister,
Pfuel Hauptmann in österreichischen Diensten

1812
September, Brand Moskaus,
Pfuel Major in russischen Diensten,
30. Dezember, Konvention von Tauroggen

1813
4. März, Befreiung Berlins durch Russen und
preußischen Landsturm,
16./19. Oktober, Völkerschlacht bei Leipzig

1814
Wiener Kongreß.
Dezember, *Pfuel wieder in preußischen Diensten*

1815
1. März, Landung Napoleons bei Cannes,
18. Juni, Schlacht bei Belle-Alliance (Waterloo)
Juli/August, *Pfuel Kommandant von Paris*

1817
Pfuelsche Schwimmanstalt an der Oberspree in Berlin
(heute Bezirk Kreuzberg)

1819
Karlsbader Beschlüsse

1830
Julirevolution in Frankreich,
Revolution und Unruhen in Belgien, Polen, Italien

1831
Pfuel Gouverneur im Kanton Neuchâtel (bis 1848)

1832
März, Tod Goethes,
Mai, Hambacher Fest

1833
Deutscher Zollverein

1837
Absetzung der 7 Göttinger Professoren,
Verhaftung des Erzbischofs von Köln

1840
Tod Friedrich Wilhelm III.,
Regierungsantritt Friedrich Wilhelm IV.

1844
Weberaufstand in Schlesien

1847
Hungerepedemie unter den Landarbeitern in Schlesien

1848
22. bis 24. Februar, Pariser Februarrevolution,
12. bis 18. März, *Pfuel Gouverneur von Berlin*

1848
13. März, Sturz Metternichs,
18./19. März, Barrikadenkämpfe in Berlin,
18. Mai, Deutsche Nationalversammlung in Frankfurt eröffnet,
22. Mai, Preußische Nationalversammlung in Berlin eröffnet,
21. September bis 31. Oktober, *Ministerium Pfuel in Preußen,*
5. Dezember, Auflösung der preußischen Nationalversammlung, Oktroyierung einer preußischen Verfassung

1858
Prinz Wilhelm von Preußen übernimmt die Regentschaft Friedrich Wilhelm IV.

1861
Tod Friedrich Wilhelm IV., Wilhelm I. König von Preußen

1866
3. Dezember, *Tod Ernst von Pfuels*

Literatur

–: *Allgemeine Deutsche Biographie XXV*, S. 705/712, Leipzig 1887.

Arendt, Hannah: Rahel Varnhagen, Lebensgeschichte einer deutschen Jüdin aus der Romantik, Frankfurt/Main-Berlin-Wien 1975.

Baumgartner, J.: Die Schweiz in ihren Kämpfen und Umgestaltungen von 1830 bis 1850, 2 Bände, Zürich 1853, 1854.

Botzenhart, Manfred: Deutscher Parlamentarismus 1848 bis 1850, Düsseldorf 1977.

v. Brandt, Heinrich: Berlin vor, unter und nach dem Ministerium Pfuel, Deutsche Rundschau Bd. XI u. XII, 1877, Bd. XIV, 1878, Berlin.

Demeter, Karl: Das Deutsche Offizierskorps 1650 bis 1945, Frankfurt 1965.

Diwald, Hellmut: s. v. Gerlach, Ernst Ludwig.

Drewitz, Ingeborg: Berliner Salons, Berlin 1979.

Drewitz, Ingeborg, Bettine von Arnim, Düsseldorf/Köln 1969.

Elster, H. M.: Minister Freiherr vom Stein. Sein Leben und seine Schriften, Berlin o. J.

Favre, Henry A.: Neuenburgs Union mit Preußen und seine Zugehörigkeit zur Eidgenossenschaft, Leipzig 1932.

Feilchenfeldt, Konrad: Brentano Chronik, München, Wien 1978.

Feilchenfeldt, Konrad: Varnhagen von Ense als Historiker, Amsterdam 1970.

Förster, Friedrich: Preußische Geschichte, 5 Bände, Berlin 1852 bis 1860.

Fontane, Theodor: Christian Friedrich Scherenberg und das literarische Berlin von 1840 bis 1860, Berlin 1885.

Fontane, Theodor: Wanderungen durch die Mark Brandenburg. Bd. II Das Oderland. Hrsg. Walter Keitel, Frankfurt/Main-Berlin-Wien 1974.

v. Gerlach, Leopold: Denkwürdigkeiten, 2 Bände, Berlin 1891.

v. Gerlach, Ernst Ludwig: Aufzeichnungen aus seinem Leben und Wirken 1795 bis 1877, 2 Bde., Hrsg. Jakob von Gerlach, Schwerin 1903.

v. Gerlach, Ernst Ludwig: Von der Revolution zum norddeutschen Bund, Hrsg. Hellmut Diwald, Band I, Tagebuch 1848 bis 1866, Band II, Briefe, Denkschriften, Aufzeichnungen, Göttingen 1970.

Goethe, Johann Wolfgang v.: Tagebücher. Aufzeichnungen, August 1810.

Griewank, K.: Gneisenau, Ein Leben in Briefen, Leipzig 1939.

Haenchen, Karl: Revolutionsbriefe 1848. Ungedrucktes aus dem Nachlaß König Friedrich Wilhelm IV. von Preußen, Leipzig 1930.

Heilborn, Ernst: Die Gute Stube – Berliner Geselligkeit im 19. Jahrhundert, Wien-München-Leipzig 1922.

v. Kleist, Heinrich: Briefe an seine Schwester Ulrike, hrsg. von Sigismund Rahmer, Berlin 1905.

v. Kleist, Heinrich: Drei Briefe an Ernst von Pfuel, hrsg. von Klaus Kanzog. Sonderdruck der Heinrich-von-Kleist-Gesellschaft 1978.

Loch, Rudolf: Heinrich von Kleist, Leipzig 1978.

Loewe, Wilhelm: Erinnerungen an den General Ernst von Pfuel, Deutsche Rundschau Bd. LIV, 1888.

Maass, Joachim: Kleist, Die Geschichte seines Lebens, Bern, München 1977.

Martini, Fritz: Deutsche Literaturgeschichte, Stuttgart 1972.

Parthey, Gustav: Jugenderinnerungen, Berlin 1907.

Pertz, H. G.: *Das Leben des Ministers Freiherr vom Stein*, 3. Band, Berlin 1851.

v. Pfuel, Curt Christoph: Aufzeichnungen aus Jahnsfelde und über Ernst von Pfuel, Manuskript 1980.

v. Pfuel, Ernst: Der Rückzug der Franzosen – nebst einer Liste der gefangenen Generale – St. Petersburg 1813 (1. Fassung).

v. Pfuel, Ernst: Rückzug der Franzosen bis zum Niemen, Berlin 1813 (2. Fassung).

v. Pfuel, Ernst: Der Rückzug der Franzosen aus Rußland. Aus dem Nachlaß des verstorbenen Königlich preußischen Generals der Infanterie Ernst von Pfuel. Herausgegeben mit Gedenknissen aus dem Leben des Verstorbenen von Dr. Fr. Förster, Berlin 1867.

v. Pfuel, Ernst: Über das Schwimmen, Berlin 1817 und 1828.

v. Priesdorff, Kurt: Soldatisches Führertum, Hamburg 1936.

Prill, Vera: Caroline de la Motte-Fouqué, Berlin 1933.

Rahmer, Sigismund: Goethe und Ernst von Pfuel, Sonntagsbeilagen zur Vossischen Zeitung Nr. 15 (1904) und Nr. 3 (1905).

Rahmer, Sigismund: Heinrich von Kleist als Mensch und Dichter, Berlin 1909.

v. Reumont, Alfred: Aus König Friedrich Wilhelm IV. gesunden und kranken Tagen, Leipzig 1885.

v. Rochow, Caroline und de la Motte-Fouqué, Marie: Vom Leben am preußischen Hofe. 1815 bis 1852, Hrsg. Luise v. d. Marwitz, Berlin 1908.

Schlegel, Klaus: Köln und seine preußischen Soldaten, Köln 1979.

Schoeps, Hans-Joachim: Aus den Jahren preußischer Not und Erneuerung, Berlin 1963.

Scurla, Herbert: Rahel Varnhagen, Frankfurt/Main 1980.

Sembdner, Helmut: Heinrich von Kleists Lebensspuren, Frankfurt/Main 1977.

Siebert, Eberhard u. a.: Austellungskatalog Heinrich von Kleist zu seinem 200. Geburtstag, Berlin 1977.

Siebert, Eberhard: Heinrich von Kleist, Leben und Werk im Bild, Frankfurt/-Main 1980.

Schmidt-Eberswalde, Rudolf: Aus der Pfuelen Land, 2 Bde., Bad Freienwalde (Oder) 1928.

Schmidt-Weißenfels, Eduard: Ein verfassungstreuer Kriegsminister, Die Gartenlaube 1865, S. 762–765.

Stadelmann, Rudolf: Scharnhorst – Schicksal und Geistige Welt, Wiesbaden 1952.

Stern, Ludwig: Die Varnhagen von Ensesche Sammlung in der Königlichen Bibliothek zu Berlin, Berlin 1911.

Varnhagen von Ense, Karl-August: Ausgewählte Schriften. 6. Band *(Marianne Saaling),* Leipzig 1871.

Varnhagen von Ense, Karl August: Ausgewählte Schriften. 19. Band *(Der Salon der Frau von Varnhagen),* Leipzig 1876.

Varnhagen von Ense, Karl August: Biographische Poträts nebst Briefen an Koreff, Cl. Brentano, Frau v. Fouqué, Henri Campan und Scholz, Leipzig 1871.

Varnhagen von Ense, Karl August: Denkwürdigkeiten des eigenen Lebens, hrsg. von Karl Leutner, Berlin o. J.

Varnhagen von Ense, Karl August: Tagebücher. Bde. 1-6 Leipzig 1861/62, Bde. 7-8 Zürich 1865, Bde. 9-15 Hamburg u. Berlin 1868-1870, 1905.

–: Varnhagen von Ensesche Sammlung.

Rahel Varnhagen: Rahel Varnhagen, Ein Frauenleben in Briefen, Hrsg. Augusta Wedler-Steinberg, Weimar 1917.

Valentin, Veit: Geschichte der Deutschen Revolution 1848-49, 2 Bände, Frankfurt/Main-Wien-Zürich 1977.

Valentin, Veit: Geschichte der Deutschen, Köln 1979.

Wallner, Franz: Vom alten Pfuel, Die Gartenlaube 1867, S. 11 bis 14.

Weber, Rolf: Revolutionsbriefe 1848/49, Leipzig 1973.

Wilde, Jean T.: The Romantic Realist – Caroline de la Motte-Fouqué, New York 1955.

Wippermann: s. Allgemeine Deutsche Biographie.

Quellennachweis der Abbildungen

Amerika-Gedenkbibliothek, Berlin: Frontispiz, 16, 24
Archiv für Kunst und Geschichte, Berlin: 18, 128
Bildarchiv Preußischer Kulturbesitz, Berlin: 40, 64, 72, 108
Berlin-Museum, Berlin: 12, 120
Dr. Jürgen von Gerlach, Darmstadt: 8, 44, 104
Dr. Bernhard von Gersdorff, Berlin: 50, 130, 136, 138
Kunsthistorischs Institut der Freien Universität Berlin: 54
Musée d'Art et d'Histoire, Neuchâtel: 84
Dr. Curt Christoph von Pfuel, Bonn: 6, 12, 32
Rheinisches Bildarchiv, Köln: 94
Staatsbibliothek Preußischer Kulturbesitz, Berlin: 66
Varnhagen von Ensesche Sammlung: Frontispiz, 62, 100

Namensregister

Alexander I., Kaiser von Rußland   63, 79

Altenstein, Karl Freiherr vom Stein zum   31, 35

Alvensleben, Albrecht, Graf von   71

Ancillon, Johann Peter Friedrich   47

Arndt, Ernst Moritz   9

Arnim, Achim von   45, 52

Arnim, Bettina von, geb. Brentano   9, 49, 52, 102, 114, 133 ff.

Arnim-Suckow, Heinrich, Freiherr von   111, 114

Assing, Ludmilla   107, 134

d'Aubignosc, Graf   59

Auerswald, Rudolf von   118 f., 131

Bakunin, Michael   116

Beauchamp, Alphonse de   57

Beckerath, Hermann von   119

Begas, Reinhold   134

Benkendorff, Alexander von   65

Bernadotte, s. *Karl Johann von Schweden*

Bernhard, Karl, Prinz von Sachsen-Weimar   41, 49

Berthold, Graf von Neuenburg   86

Bertuch, Karl   41

Beyme, Karl Friedrich von   31

Blücher, Gebhard Lebrecht Fürst von   38, 67, 71, 73 ff.

Bodelschwingh, Ernst Albert von   105

Borstell, Karl Heinrich von   74 f.

Bose, Carl August von   49, 54

Boyen, Hermann Ludwig von   9, 48, 55

Braunschweig, Herzog von   46

Brandenburg, Fridrich Wilhelm Graf von   127 ff.

Brandt, Heinrich von   123

Brentano, Bettina, s. *Bettina von Arnim*

Brentano, Clemens   9, 45, 70 f.

Briest, August Wilhelm von   13, 17, 25, 34

Buol-Mühlingen, Joseph Baron   42, 59

Byern, Karoline von, s. *Karoline von Pfuel*

Camphausen, Ludolf   110 ff., 114, 116, 117 f.

Canova, Antonio   80

Carignan-Savoyen, Prinz von   87 f.

Carlowitz, Karl Adolf von   42

Clausewitz, Karl von   9, 71

Cohen, Ezechiel Benjamin   33 f.

Colomb, Peter von   111 ff.

Czartoryski, Adam Fürst von   110

Davoût, Louis Nicolas   67

Denon, François   80

Droste-Vischering, Clemens August Freiherr von   95

Duncker, Franz und Frau   134

Eybenberg, Marianne von, geb. *Meyer*   49

Feilchenfeldt, Konrad   135

Fichte, Johann Gottlieb 9
Förster, Friedrich 77 ff., 134
Fontane, Theodor 11 ff., 33, 132, 134
de la Motte-Fouqué, Caroline, geb.
    von Briest 9, 17, 25, 27, 32 ff.,
    45 ff., 57, 68 ff., 82
de la Motte-Fouqué, Friedrich Karl
    Freiherr 9, 25, 33, 38, 52 f.
Friedrich I., König von Preußen 87 f.
Friedrich II., König von Preußen
    10 ff., 33, 43
Friedrich Wilhelm von Brandenburg
    (Der Große Kurfürst) 11, 43
Friedrich Wilhelm II., König von
    Preußen 10
Friedrich Wilhelm III., König von
    Preußen 41, 55, 65, 74 ff.,
    87 ff.
Friedrich Wilhelm IV., König von
    Preußen 93, 97, 99 ff., 109 ff.,
    117 ff., 131, 134
Frohberg, Regina, geb. Rebecca
    Salomon, gesch. Friedländer 49
Fulton, Robert 36
Garibaldi, Guiseppe 135
Gentz, Friedrich von 80
Gerlach, Ernst Ludwig von 9, 71,
    73 f., 79 f., 119 ff., 132
Gerlach, Leopold von 45
Gerlach, Leopold von 9, 71, 103, 119 ff.
Gerlach, Otto von 9
Gerlach, Wilhelm von 9, 43, 71
Gielsdorff (= Ernst von Pfuel) 60, 71
Gleißenberg, Karl von 15
Gneisenau, August Neithard Graf von
    9, 48, 74 ff.
Goethe, Johann Wolfgang von 42,
    47 ff.
Grotthus, Sara von, geb. Meyer 49
Guts Muths, Johann Christoph
    Friedrich 55
Hansemann, David 118 f.
Hardenberg, Karl August Fürst von
    48, 77 ff.

Haugwitz, Christian Graf von 31
Haza, Boguslaus Peter von 42
Haza, Sophie von, geb. von Taylor
    (später Müller) 42
Haza-Radlitz von 113, 115
Heine, Heinrich 133
Heinrich II., Herzog von Longueville,
    Graf von Neuenburg 87
Herz, Henriette 33
Hohenlohe-Ingelfingen, Friedrich
    Ludwig Fürst von 38
Hormayr, Joseph Freiherr von 57
Humboldt, Alexander von 9, 81, 102,
    133, 135 f.
Jahn, Friedrich Ludwig 81
Jung, Georg 129
Kant, Immanuel 17
Karl, Erzherzog von Österreich 46
Karl August, Herzog von Sachsen-
    Weimar 41
Karl Johann, Kronprinz von Schweden
    (Bernadotte) 70
Kleist, Christian von 17
Kleist, Heinrich von 9, 14, 16 ff.,
    39 ff., 66, 70, 79
Kleist, Marie von, geb. von Gualtieri
    70
Kleist, Ulrike von 22 ff., 39, 42, 48
Kleist von Nollendorf, Friedrich
    Heinrich Graf 71
Konrad II., Deutscher Kaiser 86
Körner, Christian Gottfried 42 ff.
Körner, Emma 42 ff.
Körner, Theodor 42 ff., 57, 67
Koreff, David Ferdinand 81
Krantz, Johanna Christiane,
    s. von Pfuel
Kraus, Christian Jakob 36
Krausnick, Heinrich Wilhelm 106
Kutusow, Michail Ilarionovic, Fürst
    61
Lamprecht, Ferdinand von 106
Lamprecht, Maria von 51
Lassalle, Ferdinand 133 ff.

150

Lehndorff, Carl Friedrich, Graf von
33
Lepel, Bernhard von 132
Lessing, Gotthold Ephraim 31
Levin, Rahel, s. Rahel Varnhagen
Loewe, Wilhelm 95, 137
Lombard, Johann Wilhelm von 31
Louis Philippe, König von Frank-
reich 85, 98
Lucchesini, Girolamo, Marquis de
28 f.
Ludwig XIV., König von Frankreich
88
Ludwig XVIII., König von Frank-
reich 73, 78 f.
Lützow, Ludwig Adolf Wilhelm,
Freiherr von 67
Luise, Königin von Preußen 47, 50
Marie-Louise, Erzherzogin von Öster-
reich, Kaiserin von Frankreich
81
Marwitz, Alexander von der 49,
69 f.
Massenbach, Christian von 17
Meister, Simon 93
Metternich, Clemens Lothar, Fürst
79, 105, 109
Mieroslawski, Ludwig von 110, 114 f.
Minde-Pouet, Georg 27
Müffling, Friedrich Karl Ferdinand,
Freiherr von 75, 81 f., 99
Müller, Adam 41 ff., 57
Mundt, Theodor 133
Napoleon Bonaparte 9, 29 ff., 35 ff.,
43 ff., 58 ff., 61 ff., 73 ff.
Nemours, Herzogin von 87
Nicolai, Friedrich 31
Nikolaus I., Kaiser von Rußland 117
Pfuel, Anna von 12
Pfuel, Bernhard von 56
Pfuel, Emilia Sophie Juliane von,
geb. von Alvensleben, gesch.
Wahlert (2. Frau EvP's) 83,
135

Pfuel, Ernst Ludwig (I) von 11
Pfuel, Ernst Ludwig (II) von (Vater
von EvP.) 8 ff.
Pfuel, Friedrich Heinrich von (Bruder
von EvP.) 10 ff., 17, 34,
42 ff.
Pfuel, Georg Adam 11
Pfuel, Johanna Christiane Sophie von,
geb. Krantz 8ff.
Pfuel, Karoline von, geb. von Byern
(1. Frau EvP.'s) 43, 53, 56 f.,
65, 82 f.
Pfuel, Wolf Kurt von 51, 53, 56
Phull, Karl Ludwig August von 60
Pietsch, Ludwig 130, 133 f.
Ploetz, von 19
Potworowski, Gustav von 113, 115
Prittwitz, Karl Ludwig von 106 f.
Prochaska, Eleonore 68
Pückler-Muskau, Hermann, Fürst von
133 f.
Radetzky, Johann Joseph, Graf 57
Rauch, Friedrich Wilhelm von 129
Renz, August, s. Prochaska, Eleonore
68
Reumont, Alfred von 133
Richmond, Herzogin von 75
Ring, Max 133
Robert, Ludwig 68 f.
Rochow, Caroline von, s. Caroline
Fouqué
Rochow, Caroline von, geb. von der
Marwitz 14
Rochow, Clara von 33 f.
Rochow, Friedrich Ehrenreich von
33 f.
Rühle von Lilienstern, Otto 15 f.,
31 ff., 41 ff., 54
Saaling, Marianne 49 ff.
Savigny, Friedrich Karl von 9
Scharnhorst, Gerhard Johann David
von 9, 48
Schill, Ferdinand 46
Schlegel, Friedrich 43, 57

Schlegel, Dorothea 57
Schleiermacher, Friedrich 33, 47
Schlotheim, Hartmann von 15, 31 ff.
Schmettau, Graf von 37
Schmidt-Weißenfels, Eduard 133
Schöler, August von 105 f.
Schumann, P. 114
Shakespeare, William 20, 135
Staegemann, Friedrich August von 81
Stein, Heinrich Friedrich Karl, Reichs-
    freiherr vom und zum 14, 48,
    56 ff., 63 f., 71
Tettenborn, Friedrich Karl, Freiherr
    von 65 ff.
Thadden, Adolf von 71
Tieck, Ludwig 9
Tschernitscheff, Alexander Iwanowitsch,
    Fürst 65 ff.
Ulrich IV., Graf von Neuenburg 86
Unruh, Hans Victor von 127, 129
Valentin, Veit 134
Varnhagen von Ense, Karl August
    9, 14, 27, 34 ff., 45, 51 ff.,
    59 f., 65 ff., 76, 79, 81 ff.,
    99 ff., 114, 121 ff., 134 ff.
Varnhagen von Ense, Rahel Friede-
    rike, geb. Levin 9, 33f., 45,
    51, 56, 65 ff., 82

Vogel, Henriette 47
Voß, Karl Friedrich von 71
Wahlert, Emilia, geb. von Alvens-
    leben, s. Emilia von Pfuel
Waldeck, Benedikt Franz 131
Wallner, Franz 135
Wellington, Arthur Wellesley, Herzog
    von 73 ff.
Werdeck, Adolphine 17, 23 ff., 79
Werdeck, Christoph 17, 23 ff., 79
Wieland, Christoph Martin 20, 23
Wilhelm, Prinz von Preußen
    (1861 Wilhelm I., König von
    Preußen; 1871 Deutscher
    Kaiser) 103 ff.
Wilhelm II., Deutscher Kaiser 134
Willisen, Karl Wilhelm Freiherr von
    59, 111 ff., 129
Windischgrätz, Alfred Fürst 127
Wrangel, Friedrich Graf von 121,
    129, 132
Yorck von Wartenburg, Ludwig Graf
    63 ff.
Zieten, Wieprecht Hans Karl
    Graf von 77